操盘高手系列

U0559062

操盘系统与
避险控仓

RSI(9,9,9) RSI1:45.760 RSI2:45.760 RSI3:45.760

赵信 著

| 15:00 | 14:30 | 14:00 | 13:30 | 13:00 | 11:00 | 10:30 | 10:00 | 15:00 |

经济管理出版社
ECONOMY & MANAGEMENT PUBLISHING HOUSE

前 言

　　股票市场风云莫测，尤其是目前市场的复杂性与不定性，使风险与利益并存！如果想达到稳定获利的目的，拥有一套属于自己的操盘系统非常重要。掌握技术分析可以让我们知道合适的交易时机以及切入市场的最佳时间点，而严密的仓位控制更是盈利的关键。这就要制订合理的、科学的操盘系统和仓位控制的方法与计划，通过合理的系统管理，能尽力冲淡操作主体——人，在交易所产生的恐惧和贪婪的情绪化成分，迫使你按计划行事！而做好仓位控制可以使投资者做到理性、最大程度地规避风险。要想成为一名成功的投资人，在投资初期，首先应考虑的是如何保全自己的资金实力，挣钱是其次的事！而要想做好这一点，再也没有比仓位控制更重要的了。

　　本书详细阐述了建立操盘系统的方法以及如何才能形成适用于自己的操盘系统，阐述了操盘系统与仓位控制之间的关系及其两者对于股市投资的重要性，更针对当今股市行情，用边讲述边图解的形式，立体分析选股以及解套技巧。本书配有经典案例分析，使本书更通俗易懂，使读者更容易理解！

　　作者 QQ：1627788375，欢迎联系。

目 录

第一章 建立操盘系统的重要性 ……………………………… 001

　第一节 操盘系统 …………………………………………… 001

　　一、什么是操盘系统 …………………………………… 001

　　二、为什么建立操盘系统 ……………………………… 002

　　三、操盘系统解决的相关问题 ………………………… 002

　　四、如何有效建立操盘系统 …………………………… 006

　　重点结语 ………………………………………………… 007

　第二节 如何形成自己的操盘系统 ……………………… 009

　　一、操盘心态 …………………………………………… 009

　　二、操盘纪律 …………………………………………… 013

　　三、杰出操盘手的性格特征 …………………………… 016

　　四、操盘手法与盘感 …………………………………… 019

　　重点结语 ………………………………………………… 025

　第三节 如何设置操盘的止盈止损位 …………………… 025

　　一、什么是止盈位 ……………………………………… 025

　　二、如何设置止盈位 …………………………………… 026

　　三、什么是止损位 ……………………………………… 029

　　四、如何设置止损位 …………………………………… 031

重点结语 ··· 035

第二章 操盘系统与仓位控制 ································ 037

第一节 仓位控制 ··· 037

一、什么是仓位控制 ··· 037

二、如何建仓 ··· 038

三、散户建仓的忌讳 ··· 039

四、建仓的案例分析 ··· 041

重点结语 ··· 044

第二节 操盘时的控仓与心态 ······························ 044

一、如何控制仓位与心态调节 ································· 044

二、控制仓位时的纪律执行 ··································· 045

三、要持之以恒地执行纪律 ··································· 046

重点结语 ··· 047

第三节 弱市格局下的控仓技巧 ···························· 047

一、弱市的特点 ··· 047

二、弱市格局要以控仓为主 ··································· 048

三、迎接弱势反弹行情：仓位决定你的技术 ··············· 049

重点结语 ··· 051

第四节 震荡行情下的控仓技巧 ···························· 052

一、震荡的图例解析 ··· 052

二、震荡中仓位的决定以及心态 ······························· 055

三、均线控仓规避风险 ······································· 056

四、且控且分析 ··· 060

重点结语 ··· 066

第三章　短线如何控制仓位避险 ………………………………… 067

　第一节　短线控制仓位的步骤与原则 ………………………… 067

　　一、仓位控制的步骤 ………………………………………… 067

　　二、仓位控制的原则 ………………………………………… 069

　　重点结语 ……………………………………………………… 070

　第二节　短线仓位控制的技巧和注意事项 ………………… 070

　　一、以操盘线建立自己的仓位控制技巧 ………………… 070

　　二、短线仓位控制的注意事项 …………………………… 072

　　三、仓位控制实际图例 …………………………………… 073

　　重点结语 ……………………………………………………… 076

第四章　短线仓位控制的流程与注意事项 ………………… 077

　第一节　短线仓位控制的基本流程 ………………………… 077

　　一、建立持仓标准和止损位 ……………………………… 077

　　二、衡量业绩股的目标绩效 ……………………………… 080

　　三、调整操作策略 ………………………………………… 082

　　重点结语 ……………………………………………………… 083

　第二节　短线仓位控制的基本事项 ………………………… 084

　　一、注重成交量 …………………………………………… 084

　　二、关注大盘走势 ………………………………………… 086

　　三、关注题材 ……………………………………………… 090

　　四、关注股市陷阱 ………………………………………… 093

　　重点结语 ……………………………………………………… 096

第五章　短线解套的仓位控制方法 …………………………………… 097

第一节　主动性和被动性的解套方法 …………………………………… 097

一、主动性解套方法 …………………………………………………… 097

二、被动性解套方法 …………………………………………………… 098

三、主动性解套案例分析 ……………………………………………… 099

四、被动性解套案例分析 ……………………………………………… 102

重点结语 ………………………………………………………………… 103

第二节　补仓解套和心理解套的方法 …………………………………… 103

一、怎样进行补仓解套 ………………………………………………… 103

二、心理解套的方法 …………………………………………………… 104

重点结语 ………………………………………………………………… 105

第三节　避免被套的方法 ………………………………………………… 106

重点结语 ………………………………………………………………… 107

第四节　利用被套股票获利 ……………………………………………… 108

重点结语 ………………………………………………………………… 110

第六章　中长线的控仓技巧 …………………………………………… 111

第一节　中长线：仓位控制技巧 ………………………………………… 111

一、中长线持仓的比例和结构 ………………………………………… 111

二、弱市的分仓技巧 …………………………………………………… 112

三、强市中如何分配仓位 ……………………………………………… 114

重点结语 ………………………………………………………………… 116

第二节　中长线在跌势中的控仓技巧 …………………………………… 117

一、如何在跌势中控仓 ………………………………………………… 117

二、关注仓中持股的集中度 …………………………………………… 118

三、中长线投资的持股技巧 ……………………………… 122

重点结语 ……………………………………………… 126

第七章　盘中仓位控制分时图的不同意义 ………………… 127

第一节　盘中顶部和底部形态的操盘技巧 …………………… 127

一、盘中顶部形态的操盘技巧 ……………………… 127

二、盘中底部形态的操盘技巧 ……………………… 135

重点结语 ……………………………………………… 139

第二节　认识分时走势图 ……………………………………… 139

一、认识分时走势图 ………………………………… 139

二、怎样看分时走势图 ……………………………… 143

三、分时走势图的意义 ……………………………… 154

四、看分时图分析主力意图 ………………………… 156

重点结语 ……………………………………………… 164

附录　不同选股技巧与操作方法 …………………………… 165

一、盘中选股技巧 …………………………………… 165

二、分时 K 线的炒股技巧 ………………………… 166

三、短线炒股的尾盘交易法 ………………………… 168

四、分时形态的短线操作 …………………………… 170

参考文献 ………………………………………………………… 171

第一章　建立操盘系统的重要性

第一节　操盘系统

一、什么是操盘系统

什么是操盘系统？简单地讲就是在股市投资中，通过一系列的盘面分析以及参考技术指标，调整、把握好心态，严格执行操盘纪律，以此来理性地把控投资风险，而最终达到投资盈利目的的一个综合的操盘体系就是操盘系统。

假如没有属于自己的操盘系统，那么就像打仗只有散兵没有将领一样，迟早会被消灭，大部分的散户靠小道消息来操盘，或者通过看财经新闻或股评家的推荐来操盘，虽然这样偶尔会有盈利，不过由于不会系统的分析操作，大多数情况下都是亏损的。另外，就是自己个股分析及操盘，有时候自己感觉不错，连续做对之后，再总结、套用经验，后续反而不能再盈利了，究其原因就是因为没有建立起属于自己的操盘系统，要么就是操盘系统有重大的缺陷，导致操盘收益的不稳定性。所以，建立操盘系统，是持续盈利的基础。

二、为什么建立操盘系统

相信广大进行现货投资的朋友，在操盘时，都会遇到各种各样的问题，而到最后不但达不到盈利的目的，有时甚至还出现严重的亏损。

建立操盘系统的好处：

（1）操盘是需要有依据的，并不是随意而为。

（2）操盘程序化，以此减少人为心理因素对操盘的影响，从而可以理性操盘。

（3）可以帮助你及时总结经验，优化、完善你的操盘系统。

（4）可以使你持续不断地盈利，并且可以复制。

（5）一旦问题出现，投资者可以及时查出问题出在哪里，方便总结经验教训。

（6）形成流程化的操盘系统，可以将操盘系统分解成多个流程，通过整合的作用，发挥众人的智慧，发挥团队的作用。

（7）操盘系统可以让我们更能了解自己的长处及缺点，以便通过系统来弥补自己的不足，善用自己的长处。

三、操盘系统解决的相关问题

以下是在操盘中经常遇到的几个问题，在建立了自己的操盘系统后，都是可以解决的。

1. 心态问题

我们这里所说的心态问题的核心是什么——人性的弱点在现货投资中的暴露。主要表现在四点——赌，贪，惧，慎！每个人在面临抉择时，这些想法都会有，因为这是与生俱来的东西。

不赌，不贪，不惧，不慎，凡是做投资的人人都知道，但为什么就是没办法真正做到呢？这就是人性的弱点，每个人都很难克服，除非你修炼成佛了！所以心态问题很多时候是导致我们投资不能盈利或者形成亏损的最大问题。仅仅反思和总结是不够的，就人性的弱点而言，下次遇到同样问题时，你很可能还会犯同样的错误。那我们该怎么办呢？投资者唯有依赖自己的操盘系统，它可以使投资者最大可能地回避人性的弱点问题，并进行客观理性地投资交易，待建成属于自己的完整的操盘系统以后，很多问题就不需要去做主观判断，只用按照系统来操作就可以了，这样就规避了很多由于心态问题带来的风险，也保证了我们的盈利。

2. 仓位问题

对于许多新手而言，仓位的把控是较为头痛的事，下仓重了心中难免恐慌，下仓轻了又很容易错过盈利的机会，以至于后悔不已。

要是我们一开始就有一个系统的仓位控制计划，并非盲目地交易，而是严格地遵守系统的仓位控制来进行投资交易，如此就能规避一时冲动所带来的风险。

3. 时机问题

在什么时间建仓，什么时候出仓，如果在不当的时机建了仓会陷入被动，而在不该出仓的时候离了场又会错过盈利的时机。所以说建仓的时机问题非常重要。

建仓的时机问题分两方面：一是建仓，二是出仓。

建仓是长期的经验积累，是经过系统的盘面分析和多方面的技术指标作为依据来进行操作的。

出仓又分为两种：获利出仓与亏损斩仓。

（1）相较而言，获利单的把握较为容易，因为这时的心理负担没那么重，在判断盘面走势的时候也很容易做出正确理性的判断，这里再次提醒大家，不要贪，当盘面出现反转时，应该迅速获利离场，然后选择时机再次入场。

（2）而亏损单的处理就比较难了，尤其是对新手来说，新手这个时候往往会选择去死扛，或者是补仓拉均价，这两种操作都是操盘中的大忌，为什么这么说呢，一个字——赌！不愿相信这是一次错误的选择，把希望寄托于盘面的走势按自己的想法进行，有时这么做可能会正确一两次，从而获利，但如果下次再遇到这种情况，你还这么操作时，可能一次的损失就会很巨大，甚至无法继续你的现货投资生涯！这个问题不能单靠自己的直觉来操作，因为直觉很难克服人性的弱点，只能靠操盘系统中的纪律性来做。有位做现货的朋友，多次说过，"下次做单时，被套四个点不斩仓，我就斩手"，可下次真正被套了四个点以上时，还是照例去死扛，这位朋友最后在现货中的损失是很惨重的，所以说建立操盘系统是稳定盈利的基础。

4. 做法问题

有的现货投资朋友，是游离在做"短线刷单"还是做"区间波段"两者之间。

怎样选择是根据不同的盘面来决定的，有的盘面只适合做波段，有的盘面只适合做短线，如果反着来，那只有亏损的份儿了。这里是指对一个盘面的长期操盘，而不是一时，一天，一周，对盘面的分析和判断是需要经验的，需要总结大盘长期的走势而得出结论，而且在建立操盘系统的时候，面对不同的盘面情况还要随时做出相应的调整。

5. 技术指标问题

指标看得太多，过于迷信技术指标，或是基本指标看不懂。

不是不要你去相信指标，由于所有的技术指标都是滞后的，所以绝对不能依赖指标或过分相信指标。指标只能作为参考，并不是唯一依据，不管别的。在市场走势和指标相背离的时候，此时可以帮助投资者脱险的恐怕只剩下操盘系统了。

6. 纪律问题

怎样去控制风险，做错的时候又该怎样处理，纪律制定起来容易，真正执行起来却很难。

纪律同样是操盘系统中的核心内容之一。在我们操盘的过程中，每个人都会事先给自己拟定好操盘纪律：何时建仓何时立场。可是为什么在执行的时候却那么难？常常将自己处于一种失控的状态下去做单，这样做是很危险极容易亏损的。还是一个原因，人性的弱点。唯一有效的办法就是依赖系统，严格按系统来做。执行时不要去想该不该这样做，这样做对不对。只需要遇到情况时，按照系统的规定去做就可以了，更简单地说，就是贯彻一种机械行为，只做操盘手，而不要去做分析师！做一个优秀的操盘手人人都可以做到，做一个优秀的分析师不是人人都可为，更何况再优秀的分析师也不可能全对，全对的话，那他就是神了！我们投资股市的目的是为了盈利，为什么不选择一条更易走的道路呢？

7. 操盘系统

除了能解决常见问题外，还有一个很主要的作用，就是可以让我们轻松快乐地投资，能让我们在操作过程中保持轻松的心情。许多做股市投资的朋友都会有这种感觉：一天的盘看完了会感觉很疲惫，什么原因呢？因为你是在高度紧张、恐惧、兴奋、担忧中度过的，心情随着盘面的变化而变化，情绪随着波动而波动，一会儿担忧，一会儿兴奋，一会儿幻想，一会儿又恐慌。在这种情况下，就很难做出准确的判断，而又很轻易导致操盘失败。我们做现货投资的目的是盈利，再就是为了更开心地生活，假如为了盈利完全牺牲生活中的快乐，那是不值得的。经常因为操盘而产生不好的心情，甚至将情绪带到休息的时候，而影响正常的生活，那你觉得值吗？常常听到有的人说，自己想投资现货，但是家人却反对，为什么呢？主要原因就是你的紧张

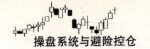

情绪常常影响到他们，影响了他们的生活，他们也在为你担忧，为你的情绪的波动而烦恼！

建立了操盘系统，就可以有效地解决这个问题，让我们在一定的规律中，在框架中去操作，而不去过多地主观判断、抉择，掌握市场从而达到盈利的目的，与此同时还可以保持一份良好的心情，轻松操盘，快乐赚钱！

四、如何有效建立操盘系统

操盘系统的建立需要一段时间，并不是一两天就可以建好，也不是看一两篇文章，或给你一套操盘指南，就可以建立的。操作系统涉及很多方面，是一个综合体，而非单方面的技术。只能在具体操盘过程中针对不同的盘面，去一步步建立、完善、修正，容入你个人的因素，慢慢建立适合自己的操盘系统，从而达到投资盈利的目的！

建立自己的操盘系统主要有以下几点：

（1）要了解自己的 SWOT：首先要清楚自己的性格特点，其次是自己的资金情况以及有多大承受风险的能力。

（2）确立适合自己的操盘周期。

（3）学习操盘系统的理念。

（4）建立并检验自己的操盘系统，如果在实践中发现不适合，则做相应的修改。

（5）完善自己的操盘系统。

按操盘的周期来分，一般是短线和中长线，也就是大家常说的投机和投资，不管是投机或是投资，通常都要按以下的流程进行：

①分析大趋势。

②确定可操盘的周期。

③确立行业或概念。

④确定操盘策略（是介入领导者还是跟随者）。

⑤介入时机（追涨还是吃跌）。

⑥持有策略（根据资金情况决定持有多少）。

⑦风险系统（可能遇到的风险，什么时间开始避险）。

⑧卖出策略（在哪个时间点、高点卖出）。

⑨应变策略（如出现不可预测的情况可以有准备应险）。

⑩总结经验或教训。

如果以上任何一个步骤出现了否定的答案，都要从头再来，一个完整的操盘应该是囊括以上全部的步骤才行。

而中长线的操盘系统具体操作流程如图1-1所示。整个系统分为多个子系统，子系统又有次级系统，就好像计算机分为硬件系统和软件系统，而这两个系统又可分为多个不同功能的子系统。不同时期的各个子系统的重要性亦有不同。

进入股市，是投资，不要抱着赌博的心态，操盘系统的作用是让你稳中求胜，循序渐进，而不是让你一夜暴富。将风险降到最低的情况下，先求不败，而后求胜。最后赚多赚少还是由市场决定。

重点结语

我们首先强调的是"属于自己的操盘系统"，那么为什么不能够是通用的呢？朋友们都清楚，现货市场的走势瞬息万变，每个盘不同，每天的走势不同，还有就是操盘是每个不同的人在操作，人和人不同，资金状况也有所不同，性格不同，风险承担的能力不同……这么多的不同，决定了这个系统必须是个性化的，唯有根据不一样的盘面情况、不同的人，针对个人情况来建立适合自己的操盘系统，这样才能实现风险最小化和利益最大化。

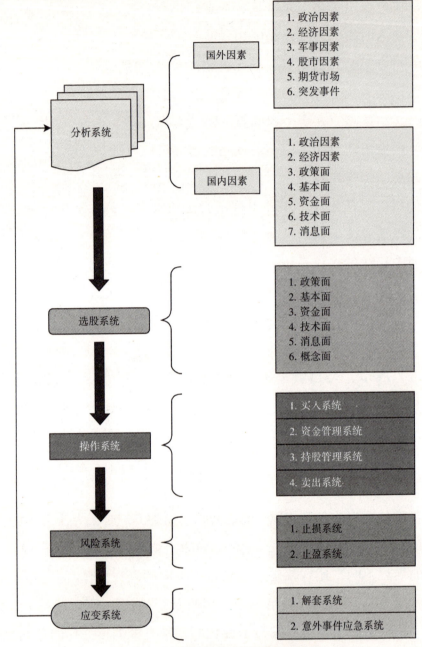

图1-1　中长线的操盘系统具体操作流程

第二节 如何形成自己的操盘系统

一、操盘心态

投资股票很大程度上是一种心态管理的过程，人的性格差异是客观的事实，要改变一个人的性格是不可能的事情。心态无所谓好坏，不管你是什么样的性格，都是与生俱来，关键还是在于心态，成功人士都具备管理心态的方法和能力。以下我们谈谈在操盘中管理好心态的几种方法。

1. 认知自己，淡定从容看得失

做股票有赚就有亏，和做其他任何事业都一样。没看好方向，发生亏损的时候，可以停下来几分钟，想好了再做。相信自己可以赚回来，要保持一颗平常心。

2. 必赢的信念和怎么赢的信念

我们既然投资股票就是想赢，没有想亏的。必赢是普遍的心态。把技术分析方法学好了，入单的位置要找准而且方向要做对才可能赢。所以在这三个方面就要刻苦磨炼，来不得半点虚假，经历时间的打磨才能走向成熟固定盈利的道路，才能淡定从容，一切尽在掌握之中。

3. 强烈的风险意识和管理方法

要追踪止损，设立锁单方法，当趋势出现了，不明确的时候，先不要重仓，以防趋势突然改变。因为我们要的是盈利而不是赌博。当趋势确立符合先期做的研判的时候才入单。在合理的位置、合理的时机和趋势下盈利，将风险管理融入到操盘之中。

4. 拒绝贪婪，把"每天都盈利"当成一种习惯，投资要稳健

赚到钱后，要尽可能地保护最大利益，再做连续下单时，一定要有赢的充分理由，看不懂的位置不要乱下单，而是等待机会。

5. 趋势第一，顺势者昌，逆势者亡，高抛低吸

趋势不是你控制的，但是你可以找到的。所以别预测，别乱猜，要看实实在在的趋势，一览无余再入单，虽然赚的少，但是安全。单下得重同样可以多赚利润，就赚你看得到趋势的这段利润，最好的办法是高抛低吸，一旦趋势停滞，立马平仓，不承担任何风险，相信很多投资者，特别是新股民都是抱着侥幸心理在碰运气。运气好的时候，买的股票涨了，固然开心，但是一有回调，不管盈亏，被吓得马上卖出！试想，以这种思路做股票，怎么可能做到稳定盈利？

事实上，原因很简单，这不过是因为你没有找到好的、适合自己的操作方法！我们根据股价运行的规律以及技术图形的变化，再加上多年的实战经验，总结出了以下几个行之有效的、高抛低吸的操作方法：

（1）上升通道内的股价运行规律。

如图 1-2 所示画出两条趋势线后，大家可以很清晰地看到这是一条完美的价格上升通道！

这时你就可以参照价格上升通道，轻松地把握住之后的两个波段操作机会，大家再观察一下该股的量能，该股量能非常有规律，每次股价反弹至趋势线的上轨时都是放量，而每次回调至趋势线的下轨时都是缩量，且每波的拉升幅度都在 20% 之上，大家仔细观察很容易就能掌握这一规律。

（2）上升三角形通道内的股价运行规律。

如图 1-3 所示画出两条趋势线后，大家可以很清晰地看到这是一条完美的上升三角形通道！

此时，投资者可以参照三角形的上升通道，轻松捕捉到之后两个

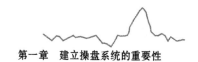

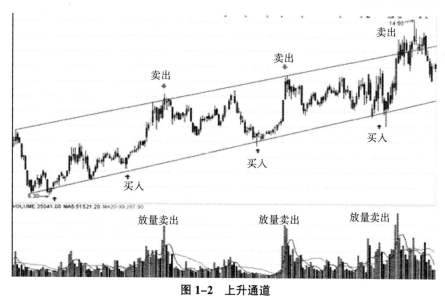

图1-2　上升通道

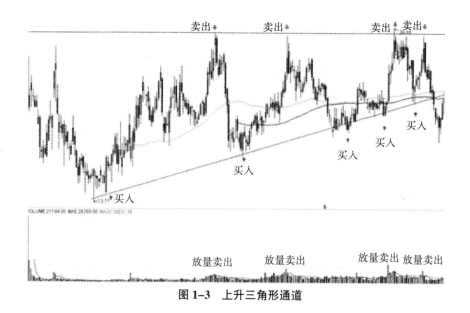

图1-3　上升三角形通道

大波段的操作机会。

　　大家再观察一下该股的量能，该股能量非常有规律，每次股价反弹至趋势线的上轨时都是放量，但是每次回调到趋势线的下轨的时候都是缩量，并且每波拉升的幅度都在20%以上，大家仔细观察后很容

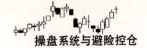
易地就能发现这一规律。

（3）矩形箱体内的股价运行规律。

如图 1-4 所示画出两条趋势线以后，该股价是在一个矩形箱体内运行的形态就可以很清晰地看到。

这时，你就可以参照矩形箱体的区间进行操作，轻松地把握住之后的三个比较大的波段操作机会。

大家再观察一下该股的量能，该股量能同样很有规律，每次股价在反弹至趋势线的上轨之前的头两天放量，表明主力非常有远见，每天都是提前出货！而每次回调到趋势线的下轨的时候都是缩量，并且每波拉升的幅度都是在 20% 以上，大家仔细观察后也是很容易地就能发现这一规律。

当然高抛低吸，也并不是只有趋势线这一种方法，我们还可以参照各种趋势技术指标去操作，比如用 BOLL 线，MACD！如果大盘环境好的话，操作的效果会更好！

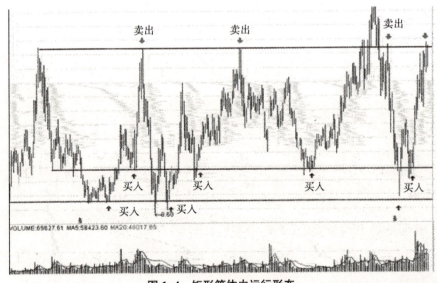

图 1-4　矩形箱体内运行形态

6. 资金计划也是事关风险

一定事先做好用多少资金做盘的打算，常态行情只用 10%，最多用到 25%。千万不要鲁莽。

7. 有足够的耐心和坚定的意志

看好准备持股的股票后，要意志坚定，保持耐心，相信自己的选择。

8. 时间观和空间观

精确好入单时机，以求拉大盈利空间。

9. 锁单

控制心态的最好办法就是锁单，24 小时都可运用，锁单的时候要以同趋势方向的程序运用为核心。

把操盘心态管理好，那么你就向盈利迈进了一大步。

二、操盘纪律

操盘纪律，就是指投资股票操作时要遵守的原则，这些原则俗称为纪律。纪律是炒股人非要遵守不可的原则，堪称铁律。

操盘纪律的条款总结起来比较多，笔者选择了其中较为常用的 11 条纪律进行介绍，希望朋友们能从中掌握到操盘纪律的要领。

良好的习惯才是成功的关键，下面对各纪律分别进行阐述。

1. 从小做起

循序渐进地从小做起，可以很好地管理和保护资金。只有从小做起，才能使投资者逐步熟悉汇市的操作路数，增强操作信心，积累经验，成为赢家。对新手股民来讲，是非常重要的一个防风险措施。

2. 第一时间下止损单

在股市操盘中，止损可以说是最重要的一环，但做起来却不那么容易。很多投资者通常喜欢犯"无意疏忽"和"满不在乎"的毛病，

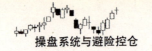

拖着不下止损单，最后导致投资失败。

何时下止损单才算第一时间呢？就是在下单时，将"止损"与"交易价"和"交易数量"同时设置妥当后，再进行"确认"。这种在"确认"前就设置好止损点的做法，就是第一时间下止损单。

3. 初入市时争取少亏

凡是投资股市的人都想赚钱，但是，这里必须慎重地提醒初入市的投资者，股市的钱不是那么好赚，没有过硬的本领是不行的。

（1）要有亏损的心理准备，对待亏损要泰然处之，后市才有希望把亏损赚回来。经验告诉我们，炒股不能次次赚钱，如果出现亏损不要自暴自弃，影响以后的操作。出现亏损不要怕，要及时总结经验教训，争取下次不会犯同样的错误。

（2）要本着"能亏多少就做多少"的原则。"能亏多少就做多少"的原则，主要是量力而行，就是说投资者只能用家中的闲钱，不要把日常生活所需的费用也投进去。这样就不会有输不起和输不得的心理压力，一旦亏了，还有信心赚回，这就是"力求少亏"的真谛。

（3）保证少亏的最有效的办法就是要机械地下止损单。

4. 不要孤注一掷

孤注一掷就是如赌徒一样，一次把家当押了上去，企图一夜暴富，这种不顾后果的行为危害是相当大的，弄得不好，就会两手空空。

5. 要顺势而为

"要顺势而为"是操盘诸纪律中很重要的一条纪律。

上涨时做多，下跌时做空，这就叫顺势而为。如果是在上涨时做空，下跌时做多，就为逆势操作。顺势而为才能赚到钱，如果逆势操作那是铁定要赔的。

下面分别介绍在上升趋势和下降趋势条件下的"跟势"方法：

（1）上升条件下的"跟势"方法。在上升条件下的跟势方法较为

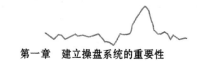

简单，就是当价格向上冲破前期最高点时，马上买入，等到开始下降时再马上卖出，这样可以赚一段上涨的行情。

（2）下降条件下的"跟势"方法。和上升条件下跟势的方法相同：当价格向下跌破前期低点的时候，马上卖出，不过在卖出以后不可以轻易进场做多，等到向上逆转的行情有出现的迹象时，才可以介入，否则之前的卖出就没有意义。

6. 趋势不明不要入场

不明朗的市况不入，这是股市操盘的重要原则。正如政治家"有所为和有所不为"一样，市况明朗时，要果断介入；不明朗时，要耐心等待机会。

不可介入的第一种市况是买卖双方都采取观望态度，交投冷清，市况牛皮。不可介入的第二种市况是，价格在高位横盘，多空交战，势均力敌，买卖双方的较量处于相持阶段，呈现拉锯状态，属于不能介入的不明朗市况。

7. 重势不重价

"重势不重价"，并不是让你完全不考虑价格的高低。在大趋势确立后，应尽量在较低的价位买进，或尽量在较高的价位沽出。

8. 等待三角形突破

股市行情常常低位或是高位出现三角形的整理走势，当三角形的顶边和底边逐渐靠拢时，价格就会选择向上或向下的方向，这种改变运行方向的走势，就称为"三角形突破"。在低位出现的三角形，通常会向上突破，可以做多；而在高位出现的三角形，一般会向下突破，是做空赚钱的机会。

9. 有暴利就应出局

"有暴利就应出局"的原因是很多的，但总结起来主要是以下两点：

一是有了暴利就要出局，这是防止"春光不再"、"无花空折枝"

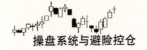

的最好办法。

二是历史经验告诉我们"有了暴利结算为实"。

倘若投资者能在暴涨或暴跌中掌握好结算时机，就可以轻轻松松地赚上一笔，若是迟钝麻木，则只会"竹篮打水一场空"，或是出现让"煮熟的鸭子飞了"的憾事。

10. 避免赚钱变亏钱

从一开始看准了方向，入场后有少许浮动利润，但是没掌握好结算的时机，以致后来行情逆转，变成赚钱转亏钱的结果，这对人的心理打击是很大的。不过这一问题在很多时候也是客观存在的，是绝大多数投资者必须经过的一个考验，只有越过这道坎后，才有可能减少赚钱变亏钱的情况发生。

11. 输钱不加码，赚钱才加码

"输钱不加码，赚钱才加码"的操作方法，在股票市场上非常重要。它是控制亏损和争取更大收益的一个有力措施，谁坚持这一原则谁就能盈利，谁坚持不了，谁就很可能成为股市上的牺牲品。

三、杰出操盘手的性格特征

对于还没有深入研究过股市的人来说，股市操盘是需要天赋的，是对人的性格有一定特定要求的。把股票市场的每一次波动，看作是一次考试，那么考题将会是世上最灵活的，而且永远也不会有固定答案，有无数种答案可以答对，也有无数种答案可以答错。还有更让人难受的是你看着是和以前做过的极其相似的考题，用同一种方法解决带来的结果却是不同的。

那么哪种性格特征的人才有可能成为一名优秀的操盘手呢？根据托马斯 Oberlechner 对欧洲的 321 名和北美的 416 名操盘手所做的心理研究，杰出的操盘手都具备以下性格特征：

1. 纪律严明的自律

优秀的操盘手都非常有自律性，他们可以严格执行既定的策略，尤其是亏损的时候，可以毫不手软地卖出，不会被感情因素所左右。而且他们不关心名只关心利，对市场的专注度很高。他们的唯一目的就是赚钱，保持良好的心态和严格的自律性是非常重要的。股票市场充斥着各种诱惑，同样，人性也有各种弱点，唯有平常心。一个人有了平和的心态才能对世间万物有所觉悟，觉悟方能产生智慧，平和朴素心态是成功的基础，能够笑对人生才能抵挡市场的诱惑，才能克服人性的弱点。

2. 处理决定

一个优秀的操盘手可以在很短的时间里做出风险很大的决策。

3. 市场意义

每当新闻事件发生的时候，操盘手可以迅速理解这个事件的意义何在，并清楚这个事件将会对市场行情产生什么样的影响。

4. 情绪稳定

一个优秀的操盘手都具备管理情绪的能力，就算输钱很多，就算很长时间没有盈利他们也不会丧失信心，在股市投资中，遭遇挫折和困难都是难免的，最杰出的交易者永远懂得坚持自己的交易系统的意义，绝不会因为一两次的失败而气馁，笑到最后的成功者往往并不一定就是最聪明的人，但一定是在遭受多次挫折之后依然可以沉着应对的人。

5. 信息处理

优秀的操盘手可以有效地处理庞大的信息，由于市场是全球性的市场，它与其他市场密切相关，因此所需处理的信息量非常大。

6. 职业、诚实

杰出的操盘手是诚实的，一个人的人生态度会如实地反映到他

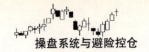

的投资活动中，形成属于自己的投资哲学，而为人最忌讳的就是虚伪和欺骗，你在生活中欺骗别人，就可能会在股票市场上欺骗自己。杰出的操盘手具有高度的职业道德，最起码他们不会隐瞒输钱的事。

7. 自治组织

杰出操盘手都会很有条理地去管理自己的事情。

8. 科学处理信息

他们会运用很多有效的工具，对于信息的处理都有科学的流程和依据。

在这八种性格特征中，自律是最重要的。

另附 K 线五法，大家可以在设定自己的操盘系统时作为参考，如图 1-5 和图 1-6 所示。

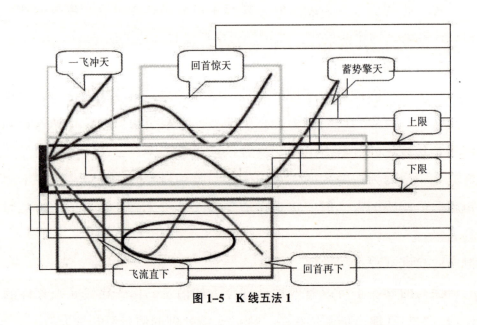

图 1-5　K 线五法 1

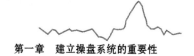

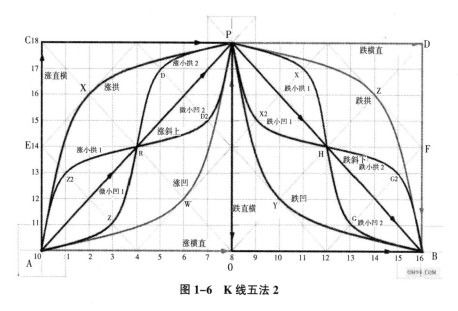

图1-6　K线五法2

四、操盘手法与盘感

什么是操盘手法？就是指在实际操作中已经形成的相对较为稳定的操盘系统，而盘感就是：因为操盘系统的稳定性所带来的一种由感性认知与理性认知相混合所产生的一种直观的能力。很少人天生就是属于市场，所以要成功，你一定要在一次次的操作中不断磨砺。在实际操作中，具有盘感的操盘手常常会说："我感觉行情在上涨"，或者"我感觉行情无力上冲"……实际上这种感觉通常在很多时候会被验证是对的，并且这种感觉只是有一种朦胧的预感，没有实实在在的根据。这就是我们平常所说的"盘感"。对于"盘感"有人称之为是对行情研判的"第六感"；有人称之为是直觉、超感觉。虽然名称不一样，但本质含义都是相同的。

1. 操盘手法

情绪控制着让人追涨杀跌，所以得学会去控制情绪；人性不愿意让人轻易认赔实现损失，所以你得练习承认损失的感觉；而且人性也

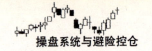

不乐意把现有的利润放弃掉去继续加码，因此需克服这种目光短浅的想法。

"大部分人所谓的高手就是行情抓得很准的人，因为大部分人是根本不知道要如何提升准确率的，大部分人也都抱着捞免费的心态，看哪个高手做多或做空跟着他做。这种"看别人"的做法也许会让你获得一时的利润，但事实上却是非常危险的行为。唯一能靠得住的就是让自己成为一名优秀操盘手，而股市中常见又实用的操盘手法有以下几种：

（1）拟好固定比率。投资者按照事先拟定的计划比率，将资金分别投放于不同的股票，并确定好股票投资资金的市价变动幅度百分比。此种方法在持续上升或是下跌行情中可能同样失去应得的利益和降低持股风险的机会。

（2）确定可变比率。采用这种方法首先要确定投资于每个股种股票投资比率的可变范围，在实际操作的时候根据股价波动，在这个范围里调整不同投资的相对比率。使用这种方法，投资者就不用逐次选择投资时机，只要及时对股价变动做出反应即可。

（3）定点计算。当股价上升到一定程度时，确立一个升幅幅度，每升高一个幅度就抛出相对比率的股票。假如股价持续上升，全部抛出股票后的收益会超出在第一个升幅时一次性出手的收益很多，还能规避没有等到最后升幅时股价就下跌所造成的损失。不过，这种方法也同样有风险，需要承担股价只有一两个升幅而后下跌所造成的风险。

（4）保本投资。投资者在股市前景不明朗、无法确定行情变化的时候就可以进行保本投资操作法，这是一种保守的避免伤元气的投资法。投资者需要事先确定在最坏的情况下也不愿损失基本金额，也就是确定最多亏损到什么程度的止损点，这样即使亏损也可以保

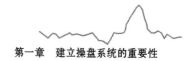

住基础资金。

（5）道氏操作法。道氏操作法又称为趋势操作法。道氏理论认为，股票价格具有属于自己的运动惯性，大趋势一经形成，就会有一段持续时间，突然转向的可能性不大。顺应这种趋势的普通投资者就会拥有较多获利的机会。

（6）以静制动。在对股票近期涨幅进行比对分析后，投资者根据自身的资金情况选择数种较小涨幅或是将涨没涨的股票买入，一种买一手。待股价产生一定的变化以后，抛出涨了一定幅度的股票，再把资金用在购买跌了一定幅度的股票。采用这种方法的前提是市场走势上升，不赚钱的股票暂时不抛出，而且不要去买太冷门的股票。

（7）逆向操作。这种操作法就是利用自己的反向思维。当市场的情绪感染你趋于购入股票时，应考虑卖出股票；当市场情绪使你觉得应该卖出股票时反而购入。这是因为市场上大多数投资者纷纷购入股票时，通常股价也会比较高，而上升的空间就会变得比较小，相应的风险会增大，不如干脆卖出获利；而股价下跌后，大多数投资者因为惧怕套牢卖出股票，假如在适当的时机以较低价位买入股票，那么将来在市场回转时卖出就会获利。

2. 稳定的盘口直觉

我们所说的盘感就是指在金融投资里看盘分析 K 线等技术指标的时候所产生的一种直觉，尤其在股市投资中最为常用。当你达到了这种境界就是武侠小说里说的"无招胜有招"，不管在牛市还是在熊市，只要价格能够波动，达到盘感境界的投资者一定可以赚钱于无影无踪。

对于研究某一事物而产生的这种直觉（第六感），不管是科学家或是哲学家、心理学家都有各自的评论与见解，如爱因斯坦所说：我相信直觉和第六感觉，直觉是人性中最有价值的因素。哲学家斯宾诺莎

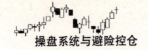
对直觉则做出过这样的解释：它是一种高于推理，完成推理知识的理解能力，通过它才能使人认识到无限的实体或自然界的本质。德国大哲学家康德在《纯粹性批判》中认为：人类除了感性思维和理性思维之外，还有一种能把两者结合在一起的综合能力，就是能够直接理解的感受，即"理性直观"。心理学家卡尔·荣格提出："第六感"是人们性格中最空洞，同时也是最好的东西。这些都表明人们对"第六感"存在的认可。那么，这种感觉（即盘感）对于我们的操盘系统有何帮助呢？

在实际操作中，我们首先要认识"盘感"。经验丰富的操盘手们常常会对未来行情的趋势产生预感，但是这种预感没有理由，所以不能完全相信，但是行情往往会验证这种预感的正确性。其主要原因是"第六感"是一种介于感觉和领悟之间，而且是兼有特长的特殊认知功能，它同时具备两种特殊能力：一是对事物外部特征的直接感知能力；二是对它的内在本质的直接领悟能力，因此能在直观时直接判断选择所需的灵感点。著名的脑科学家乔治·朱勒（George Miller）博士这样解释：大脑分为不同的处理单元，其中包括有意识和无意识单元，无意识单元的优点是，它是一种逻辑的跳跃，并且能捕捉到问题的关键，其缺陷是我们对于事物有着极为深刻的洞察时，却不知这种洞察从何而来。

一句话，人的感觉，感觉的理性，都是只凭着相应的对象的存在才能产生的。当经验积累到一定程度，而操作手法也相对稳定以及在特定的交易状态下就会产生盘感，盘感是对未来行情的一种正确的预见。但是短线操盘手在分析市场行情的时候，所在的角度、所研究面对的对象和趋势交易者研判行情时所在的角度、所面对的对象是完全不一样的。所以，短线操盘产生的盘感不会是对趋势的预见。

如果你已经是一个经验丰富的操盘手，那在你的盘感出现时，你

要相信它，并付诸行动。

台上一分钟，台下十年功，这话可应用于各行业技术，如果我们愿意将炒股当作一门技术的话，就应该踏踏实实地用好功，下面介绍几种训练盘感的方法：

（1）相信自己的盘感。对于初学者来说，盘感即是无法解释的东西，不过准确率非常高，并且会使交易者心里感觉很受用。在这个阶段，交易者最好避免实战，甚至还要少看实盘，完全凭历史行情来锻炼。

（2）寻找交易信号。市场在发生变化之前一定会出现一些蛛丝马迹，有人说为什么价格会突然产生快速变化而来不及反应呢，这种情况对高手来说是不存在的，原因是：所有价格在变动之前，盘面上一定会有异于平常的表现，这便是操作信号，但是这些信号的形成时间与形态都不太一样，即使是一个十分优秀的操盘手，而且每天持续进行训练，还是会有对信号反应不过来的时候，就不要说根本不训练每天只知道操作的交易者了。要是交易者每天都不看盘，而是平均每天花四五个小时静下心来专注于训练，这样坚持一个月左右，大概就可以形成属于自己的信号了。在这个阶段里，交易者也要尽量避免实战。

（3）区分真假信号。实际操盘中有人能把真假信号区分得神乎其神，其实这不是偶然，是需要付出比他人更多的努力的，这是钻研指标的阶段，很多指标都可以做到区分信号，就看你对哪个最有感觉了，要把指标参数通过巨量的训练调到一个最佳数值。不过这个阶段最好还不要实战，因为只懂抓信号还远远不够。

（4）建立交易模型。如果你能准确找到信号，那只能说明你用心了一点，不过要想参与实战，就必须建立一个交易模型。这个交易模型的内容就是开仓点、止损点与止盈点。怎么建立？方法只有一个：

依然是训练，而且还要熟悉自己操作的品种，训练量也要加大，怎样熟悉操作品种呢？就是利用一切可用的时间训练自己怎样开仓，怎样止损，怎样止盈，等对这些有了一个大致的观点，模型也就能初步建立起来了。即使是这样还是不能实战，因为开仓、止损和止盈都不是表面上看的那么简单，如果要练到不亏钱的地步还需要大量功夫。这一阶段还是要杜绝实战。

（5）初试实战。等操盘者建立一两个交易模型以后，再确认准确率达到100%以后，可以进行小规模的实战，不过要谨记，仅凭只操作这两个模型，意味着机会不多，不过没有办法，交易者永远要记住，我们的交易是世界专业性最高，也是要付出最多努力的工作，几个月的训练下来，对模型的实用性该有了较深的理解，更重要的是，操盘者的心理可以直接影响到模型的准确性。所以在这几个月要继续训练，并且不可以减量。

（6）深度理解。当模型数量开始增加，并且应用纯熟之后，操盘者的操盘水平就会快速提升，你会感觉每个月都有大不一样的感觉。在这个阶段，操盘者的交易机会会大大增加，不过要记住，这只不过是交易机会在增加，并不等于真实交易增加。在这个阶段，操盘者的交易心理会得到进一步磨砺，训练到这个阶段就可以尝试实战了。

（7）训练还得继续下去。这时的训练已经是盘后结合实战的阶段了，模型也已经开发得差不多了，这是开始积累财富的阶段，只有账户的资金真实增长才能说明操盘者的水平在上升，若是达到这个阶段，就意味着训练与实战都已成为交易者最重要的工作之一，就像每天必须吃饭、睡觉一样重要。到达这一阶段，操盘者基本上可以稳定盈利了。

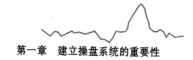

重点结语

要想成为一名杰出的操盘高手，就要把大部分精力都用在培养"心态"上，因为心态不稳的操盘手，技术再过硬也避免不了出错，况且技术一旦掌握，就可以使用一辈子。而心态却不一样，它难以捉摸，时好时坏，十分影响技术的发挥。经验告诉我们，在失败的投资中，大多数是心态不佳的人。要想获得投资上的成功，永远保持良好的心态，就得时时刻刻对自己进行严格的"自律"约束，不能有任何懈怠，否则最后将难成大业。

第三节　如何设置操盘的止盈止损位

一、什么是止盈位

止盈（Stop-Profit/Stop Profit），也称为停利、止赚、止盈，就是在你的目标价位挂单出货，止盈的概念在见好就收，当股价涨幅百分之几或涨到某个价位时就减仓，不要盈到最高。思想的中心在一个"止"，思想决定行动，盈的关键在于看准好的机会，当机会出现就要第一时间抓住，错过了就让它错过，不要后悔，要把时间用在寻找另一个机会上。当机会有转化信号时，就要第一时间放手了。

止盈这个概念在多种投资领域都广泛使用，比如当你的股票提升到一定的价格，而且出现利润，你准备平仓离场了，这时候的离场就是止盈；例如在期货领域，不管你是多头交易者还是空头交易者，只要出现对你的交易方向有利的时候，你就可以获利离场了，那么，你

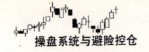

的离场也是止盈。同样，在外汇、大宗商品等其他商务贸易领域，获利的离场我们都称之为止盈。

二、如何设置止盈位

股票买进后如果赚钱了，则证明投资者摸准了行情的趋势与方向，这个时候应该马上设置止盈位，就是说股票后市一旦跌破这个所设置的价位，就应该当机立断抛出获利离场。如始终未能跌破该点，则可以继续保留，随着股价的不断攀升，止盈位也应随之调高。当然，止盈位的设置，需要有一定的经验，止盈位设置得太宽或太严都会影响获利，不过无论怎样，投资者都应设置止盈位，不设止盈位就如同投资不设止损位一样，都是不成熟的表现。

举个例子，你10元买了某只股票，买之后它涨到了12元，这时就产生了20%的盈利，此时如果选择出场，发现它再涨了后悔，不出场，又害怕万一下跌丢掉利润甚至成了亏损。这时便可以通过设置止盈位解决这个问题。比如10元买入，涨到12元，再跌到10.8元卖出。

简单来说，止盈的方法有两种：

1. 静态止盈

设置具体的盈利目标位就称为静态止盈。当达到盈利目标位的时候就要果断止盈，这个克服贪心的方法简单而专业。

止盈是股票投资获利的重要手段。很多投资者总会考虑到假如卖出后有可能会失去后市行情中更高的卖出价格。客观来讲这种情况确实存在，在实际操作中常常会出现卖出以后还会有更高卖出价的情况发生。但是在这里提醒大家，贪心地试图赚取每一分利润是不切实际的想法，并且伴随而来的风险会很大。

静态止盈位就是所谓的心理目标位，静态止盈设置的方法主要依

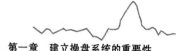

赖于投资者对大势的分析和对个股的长期观察，所设置的止盈位基本上是固定不变的，当股价涨到该价位时，应该马上获利离场。

这种止盈方法适合于中长线投资者，也就是投资习惯沉稳的投资者。如果是进入股市时间不长、判断行情的能力较弱的新手，通常要适当降低止盈位的标准，以提高安全性避险。

2. 动态止盈

动态止盈是指当投资的股票已经有盈利时，由于股价上升形态完好等原因，投资者判断个股可能会有后续上涨的动力，所以选择继续持股，直到股价开始出现回落而达到某个标准时，投资者采取获利卖出的操作。

动态止盈位的设置标准：

（1）随价设定止盈位。比如投资者 20 元手持一只股票，当股价涨到 22 元，即设立止盈价位为 20.8 元。这样，一般主力短暂地洗盘时，就避免了把投资者清洗出去。也就是如果从 22 元跌到 20.8 元，投资者应该马上止盈。这样会减少盲目性。而当股价涨到 24 元后，止盈就可以提升到 22 元；股价涨到了 28 元，止盈可以提升到 25 元左右等。这样就算主力洗盘和出货，投资者都可以从容获利离场。

（2）筹码区止盈法。前期高点价位区、成交密集区等重要筹码区，投资者都要注意止盈的时机。比如在阻力位前股价回档的可能性非常大，投资者可以减仓对待。

（3）技术指标止盈法。比如技术指标超买，如周 KDJ 由钝化变为向下，周 KDJ 的 D 值大于 80 时出现死叉，BIAS 乖离率过高等，或者股价击穿均线支撑（一般 10 日和 20 日一旦击穿后，股价两日内不返回），投资者就要马上止盈，如图 1-7 至图 1-12 所示。

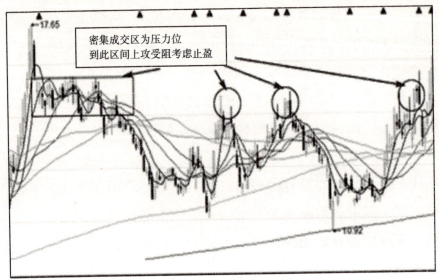

密集成交区为压力位
到此区间上攻受阻考虑止盈

图 1-7　中钢吉炭（000928）

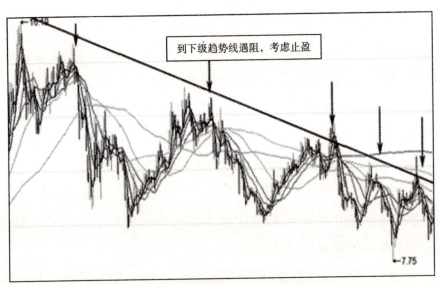

到下级趋势线遇阻，考虑止盈

图 1-8　2011 年数源科技（000909）

　　通过以上学习的止盈位股票知识，股票入门投资者在操作中一定要制订自己的计划，并且去严格执行自己的计划，才能在股海中笑到最后。

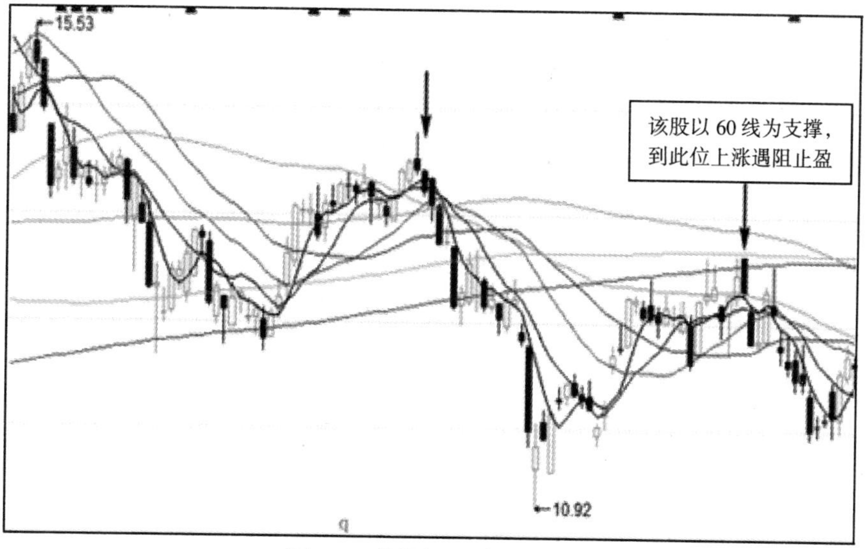

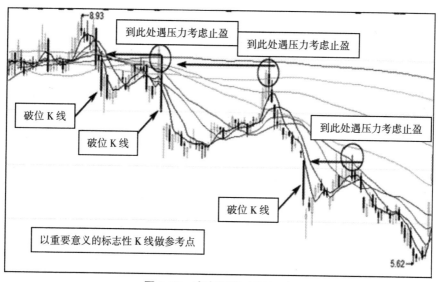

15.53

该股以 60 线为支撑，
到此位上涨遇阻止盈

10.92

图 1-9　栋梁新材（002082）

8.93

到此处遇压力考虑止盈

到此处遇压力考虑止盈

破位 K 线

到此处遇压力考虑止盈

破位 K 线

破位 K 线

以重要意义的标志性 K 线做参考点

5.62

图 1-10　南京熊猫（600775）

三、什么是止损位

在你可承受风险损失的范围之内的价位出货称为止损，也就是当某一投资出现亏损达到所预设的数额时，果断斩仓出局，以此来规避

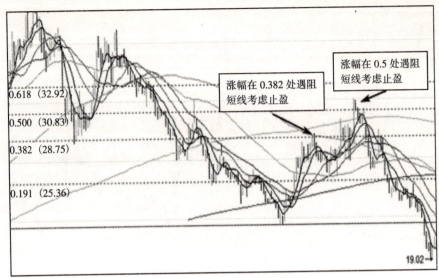

涨幅在 0.382 处遇阻
短线考虑止盈

涨幅在 0.5 处遇阻
短线考虑止盈

0.618 (32.92)

0.500 (30.83)

0.382 (28.75)

0.191 (25.36)

19.02→

图 1-11　敦煌种业（600354）

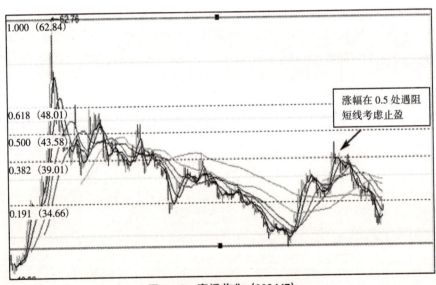

62.76
1.000 (62.84)

0.618 (48.01)

0.500 (43.58)

0.382 (39.01)

0.191 (34.66)

涨幅在 0.5 处遇阻
短线考虑止盈

图 1-12　壹桥苗业（002447）

更大的风险，那个预设的数额就称为止损位。其目的就在于投资失误时
把损失限定在较小的范围内。简单说：止盈位和止损位都是根据你自己
心理承受来设置的。比如为 10%，止损位：10 元买入，跌到 9 元处就
卖出。止损可以用较小代价博取较大利益。股市中无数血的事实表明，

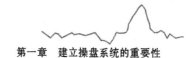

一次意外的投资错误足以致命，但止损能帮助投资者化险为夷。

止损既是一种理念，也是一个计划，更是一项操作。止损理念是指投资者一定要从战略高度去认识止损在股市投资中的重要意义，因为在高风险的股市中，先生存下去才能够进一步发展，而止损的关键作用就在于让投资者安全地、更好地生存下来。所以说止损是股市投资中十分关键的理念之一。止损计划是指在一项重要的投资决策实施之前，必须相应地制订如何止损的计划，止损计划中最重要的一步是根据各种因素（如重要的技术位或资金状况等）来确立具体的止损位。止损操作就是止损计划的严格实施，是股市投资中具有重大意义的一个步骤，如果止损计划不能实现具体的止损操作，止损仍只是纸上谈兵。

四、如何设置止损位

大家都知道，"止损"可分为两种完全不同应用机制的止损，也就是保护性与跟进性止损两种，由于止损多发生在十分不利的情况下，往往让人想到不愉快的事情，所以，人们不想讨论这一话题。不过，在实际操作过程中，谁都保证不了不出任何差错。怎样把损失限定在较小的一个范围内，或尽可能使既得利益最大化，很现实地摆在每一个投资者面前，尤其是入市时间不长的中小投资者，更需要掌握止损的方法。下面简要谈一下止损点设置的有关问题。

通常需要止损的有两种情况：一是主动止损，二是被动止损。首先主动止损是你按照自己的交易理论买入后，发现走势没有按照预期的走势发展下去，这时就应该考虑止损。一般这种止损并不一定就是你赔钱了，甚至有时候你还有一部分盈利。再者，就是我们一般认为的亏损止损，这是属于被动性止损。这种止损的人，根本不知道自己为什么介入市场，也没有建立过自己的交易理论。这样的止损通常是给没有交易经验和技巧的人设定的。因此，你在买入的时候要清楚自

己为什么要买入，卖出的时候也要明白自己为什么要卖出。所谓自己的交易理论就是你根据自己长期的操盘经验总结起来的盈利的理论，如果不是这样的理论那只能说，你还要继续交学费当学生，直到你能毕业。当然，你也可以从此退出股市。下面我们介绍几种较为实用的设置止损的方法：

（1）根据亏损程度来设置止损位，例如：当股票现价低于买入价5%或10%的时候进行止损，通常投机型短线买入的止损位设置在下跌2%~3%，而长线投资型所设的止损位允许的下跌比例相对而言是比较大的。

而处于盈利状态的则称为止盈。大多数情况下这种方法是用于止盈的。下跌幅度达到多少时止盈要看股价的活跃度，较为活跃的个股要把幅度设置大些。

（2）根据技术指标的支撑位设置。

（3）当股价从最高价下跌达到一定幅度时卖出，如果这时候投资者处于亏损状态的就称为止损，如图 1–13 至图 1–17 所示。

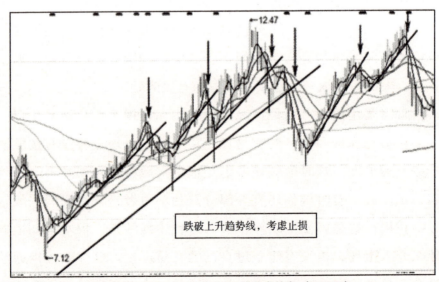

跌破上升趋势线，考虑止损

图 1–13　2011 年 10 月 14 日的特发信息（000070）

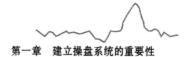

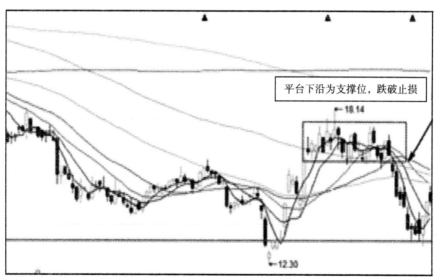

图1-14　中钢吉炭（000928）

图1-15　生意宝（002095）

①10日，30日或125日移动平均线；②股价下穿布林带的上轨线；③MACD出现绿色柱状线；④SAR向下跌破转向点时；⑤长中短期威廉指标全部高于−20时；⑥当WVAD的5天线下穿WVAD的21天线时；⑦当20天PSY移动平均线大于0.53时，PSY的5天移动平

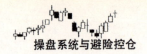
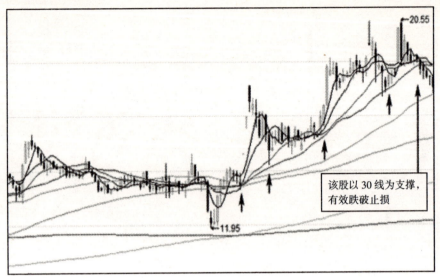

图 1-16　中材科技（002080）

该股以 30 线为支撑，有效跌破止损

—20.55

—11.95

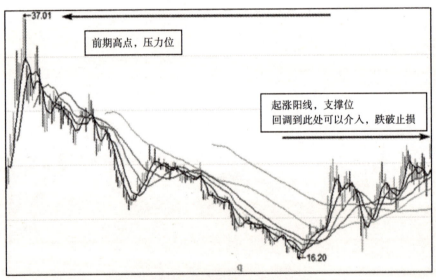

图 1-17　银河磁体（300127）

—37.01

前期高点，压力位

起涨阳线，支撑位
回调到此处可以介入，跌破止损

—16.20

均线下穿 PSY 的 20 天移动平均线。

（4）根据历史上有重大意义的关键位置设定，比如：历史上出台重大政策的位置。

（5）设置参照物可以根据 K 线形态，主要有：趋势线的切线、圆

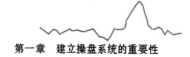

弧顶或是头肩顶等头部形态的颈线、上升通道的下轨以及缺口的边缘。

（6）根据股价的整数价位设置，如：10元、20元。这种方法没有太多的科学根据，主要是因为整数关价位对投资大众的心理有一定支撑和阻力作用。

（7）根据成交密集区设置，比如，移动成本分布的高峰区。因为成交密集区对股价会产生直接的支撑和阻力作用，一旦一个坚实的底部被击穿，通常会由原来的有力支撑区转成强大的阻力区。

（8）依据自身经验设置心理价位作为止损位。当投资者长时间关注某只个股，对股性有较深了解时，根据心理价位设置的止损位，这样常常很有效。

（9）主力的拉升一定会产生获利盘，人多想法多，你不卖其他人自然会卖，主力不会逆市而行，与广大群众死扛，既然要卖，就卖掉些吧。再说，我主力由于负责拉升，买了些高价股，我更需要卖掉些，不过，主力是不可能买高卖低的，于是这就需要再次向上拉升，让这些贪婪者欢呼、激动，其实，挂的单子主力占多少呢？主力一边引导大家买再一边卖。造成量增而价不增，这样就形成了我们技术上所说的顶背离，当主力在这一波的任务完成后，主力就不买了，将尚有少数没有卖的与散户一起卖，这时股价会真跌的，这时技术指标上会反映出均线死叉、KDJ、CCI死叉等。所以说，死叉是真正的止损点。

最后，建议投资者一旦进入市场，首先要设置好自己的止损位，准备好付出一点较小数量的损失，从而避免一场较为严重的灾难。特别需要注意的是，入市后一定不能抱有侥幸心理，保护性止损价位永远不可以向下移动，这应作为基本原则来牢记。

重点结语

设置有效的止损位和止盈位对于每一个股市投资者来说意义非常

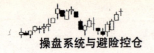

大，一来可以帮助我们减少损失和扩大利润，二来可以培养自己严格操作纪律，三来可以在我们无暇关注股票的时候避免风险。

如果大家能够学会这种操作方法，那么你在以后的操盘中会更顺利，也会大大地增加盈利的机会！

第二章 操盘系统与仓位控制

第一节 仓位控制

一、什么是仓位控制

什么是仓位控制？简单来说就是你对持仓量的把握，还有你对于建仓、加仓、减仓以及斩仓的把控。大多数炒股者，在操盘的过程中通常更看重技术、指标以及对趋势的判断等，却把资金管理、仓位控制放在二线位置，实际上，我们不应放过任何能促使交易盈利的机会，仓位控制就包含了不少内容，在你为操盘勤学技术、苦练心智的同时，不妨也来了解一下，仓位控制能为你的交易创造哪些价值以及怎么创造。

对于一个初级投资者来说，做好仓位控制十分必要。而对于仓位控制问题可能各有各的不同看法与认知，在不同的交易阶段认知也可能会有所不同。如果简单地认为只是降低仓位其实也没有什么意义，例如 10 万元老是用 1 标准手来回交易，那就体现不出股票盈利的优越性和投机性。因此，如何建立一个适合自己特点、能承受住风险、获

得较高收益的仓位就至关重要，而且也不是件很容易的事情。

简单假设一个模型，一次操盘的周期为 3~5 个交易日，承受风险和获利预期均在 10% 以内，仓位大概比例设定在所承受的亏损及收益预期大概都在 200 点以内。

如果高于这个比例，被套的时候就很难持仓，心理上也很容易产生压力，最后迫使心态波动而止损，这会造成本来研判准确的行情却由于正常波动而被淘汰出局。这也就是说一些更小的小账户基本属于高仓位账户，抵御较大的风险波动很困难，无论方向解读是对是错，最终都免不了出局。如果低于这个仓位，那样收益甚微，心理上的成就感不会很高，也不会很满意，交易积极性被抑制。

仓位控制每个人的情况各有不同，但尽量根据自己交易的特点，可承受的压力，综合自身的经济条件进行设定，只有这样才能保持住持久的交易和长期的收益。

二、如何建仓

1. 建仓的方法

一般来说建仓的资金投资方式分为三个常用的方法：简单投资、复合投资以及组合资金投资模式。以下是三种模式的具体使用方法：

（1）简单投资模式：简单投资模式通常是二二配置，就是说所投入的资金始终是半仓操作，对于任何行情下的投入都保持必要的、最大限度的警惕，坚持半仓行为是对股票市场的风险投资尽量做到立于不败之地，始终坚持资金使用的积极主动的权利，如果是在投资出现亏损的情况下需要补仓的话，则所保留资金的投资行为也是二二配置，而不该是一次性补仓，二二配置是简单投资模式的基础模式，方法简单却具备相对的可靠性与安全性。不过二二配置的缺点在于一定程度上缺少投资积极性。

（2）复合投资模式：复合投资模式的投资方式是比较复杂的，严格讲是有多种层次划分的，但主要是三分制。三分制主要将资金划分为三等份，分三次完成建仓，逐次介入，对于大资金来讲建仓的行为是所判断的某个区域，所以建仓是一个具有一定周期性的行为。三分制的建仓行为一般也保留 1/3 的风险资金，与二分制相比，三分制的建仓行为相对积极，在三分制已投入的 2/3 的资金建仓完毕并获得一定利润的情况下，那么所保留的剩余的 1/3 的资金也可以考虑投入建仓。

（3）组合资金投资模式。组合资金投资模式和前面所讲的角度不完全相同，严格来说并不是以资金量来划分的，而是以投资的周期行为来划分资金，主要分为长、中、短周期三种投资模式来决定资金的划分模式。现在一般都是把总体资金划分为四等份，就是长、中、短三种资金和风险控制资金四个部分。

2. 持仓量的控制

关于持仓量的控制我们还是倡导轻仓，主要原因是以下两点：

（1）轻仓会让你在市场中存活得久一点，让你可以有充分的时间和机会去纠正错误。有个朋友有一天告诉我说他爆仓了，如果他的持仓能轻一点，就可以在无序波动的阶段得到喘息的机会，以达到盈利的目的。

（2）仓位决定心态，心态决定行为，行为导致结果。轻仓可以让人没有太多的后顾之忧。不过轻仓不败这种说法是过于绝对了，因为在股市沉浮中，没什么是可以做到"不败"的，你所能做的就是随时调整状态和技术，为去完成你的交易找到最好的方法。

三、散户建仓的忌讳

（1）建仓的第一大忌就是满仓，所谓满仓，就是投资者投入所有资金，而且都始终频繁地操作。投资股市最重要的是研判牛股。当发

现市场中有牛股出现的时候要积极做多；而市场中没有牛股的时候则最好空仓休息。实际上股市能赚钱都是牛股，一般股票可以赚的钱不多。但是有的投资者却不这样操作，他们不管市场是热烈还是冷淡，都像蜜蜂一样不辞辛苦地辛勤劳作，为了一点点小利而整天忙碌，到头来却有苦劳没功劳，甚至为此还要遭遇更多的风险。投资者在股市中，要学会审时度势，根据趋势变化，适当地休整持仓，只有这样才能准确地把握股市中的盈利机会。就算是止损之后也要休息一段时间，因为如果需要用到止损，就说明自己的判断力已经减弱，这时必须要休息，不然只会越止越损。

炒股就和做人一样，任何事要留有余地，只有这样才能进退自如。对散户来说，投进股市的资金，很可能就是养家糊口的钱，万一满仓被套了，在巨大的心理压力下造成的忧虑情绪，一定会影响对后市行情的判断力，最后结果不言而喻。行军打仗得有预备队，股市上也要有后备的资金。满仓做得多是贪心的具体表现。操作时不放过任何机会和利润只会适得其反，甚至最终可能会为此付出更多的代价。

（2）建仓的第二大忌就是死等。获利几个点就逃了，但是入场被套后就开始死等，之所以说是死等，就是因为它可能等到死。等到死的概念是，一是资金少的，账户死掉了；二是资金庞大的，很可能会一直等下去。

（3）建仓的第三大忌是第一次止损一次，第二次却加倍下单，要是这样子连错几次，可能以后就无法交易了。虽然大多数人已经可以避免上述情况，而且还可以准确地把握大势的走向，却依然不能获利，如果刚刚止损它又回调，目标价位没有到它又掉头干掉了止损，令交易者不知所措。

（4）建仓的第四大忌就是骄傲自满。当然，这在投入股市后的任何时候都是需要忌讳的一条。有的投资者在刚进入股市的时候，还常常能有所斩获，等到成为老股民后，因为赚了些钱，学了些指标，读了几本书，就开始骄傲了，最后反而输得多赢得少，亏损严重。骄傲自满会阻碍投资者提高操作水平，建仓同样如此。如果投资者对股市和对自己的认知不准确，盲目做多，结果只会亏损更多。股市的发展是日新月异的，任何人如果骄傲自满，就会停滞不前，最终的结果只会被股市淘汰。

四、建仓的案例分析

底部建仓特征——案例分析。

（1）放量拉升吸筹阶段，抢筹，主力对抢，之后的缩量代表洗盘，缩到地量之后的放量大阳就是行情的开始，这时就是散户跟风的最好时机，如图2-1所示。

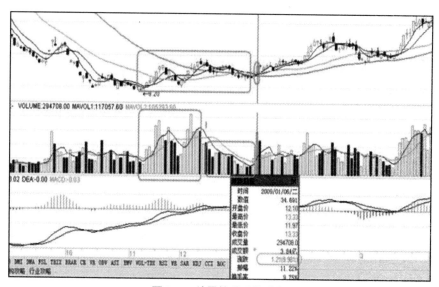

图2-1 放量拉升吸筹阶段

强势建仓，才会放量出来，原因一是资金时间紧迫，二是多个主力抢货——基金重仓股，多个主力对抢，如图2-2所示。

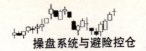
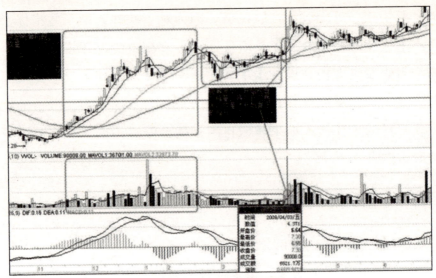

图 2-2　000973 佛塑股份

（2）底部上升斜矩形建仓——长线牛股，资金量大，如图 2-3 所示。

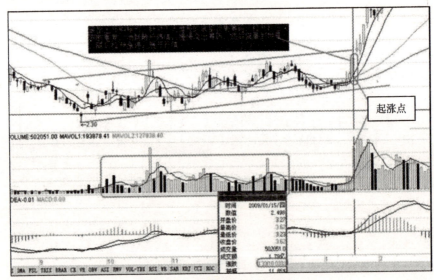

图 2-3　底部上升斜矩形建仓

圆弧底后，介入建仓，涨势行情开始，如图 2-4 所示。

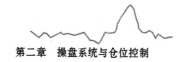

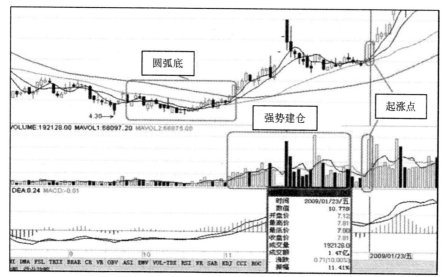

图2-4　圆弧底后，介入建仓

只要有个股敢涨停，就证明大盘暂时是安全的。

建仓的关键在于，对市场的行情和方向要把握准确，对短线回调的把握同样也要准确。

做股市投资首先要明确一点，我们的投资目的是为了最终获利，获利的方式是长期交易，多笔的交易之后，获取了利润，而非是每单必胜。

最后，让我们来看看重点：

（1）把握好大趋势，大势转向的标志性价位可以作为止损参考点，而这个点和现价有差，差多少是没关系的。

（2）把握好短线趋势，短线回调是再次建仓的时机而不是反手操作的机会。

（3）如果短线趋势没有把握好，如在建仓之后，少有落价而你认为它要回调，平仓了，结果它却没有回调，买不回来了，那么就放弃，不要去追。

只有懂得如何建仓，这样才能在市场中顺风顺水。

重点结语

将科学地建仓与出场行为有效地运用到股票投资市场是十分重要的，它是股市投资中重要的步骤和组成部分之一，对于投资的安全和可靠提供了一定技术上的保障，建仓与出场行为由于审视的角度不一样，观点也会迥异，不过一旦确定了最后使用的方法，在执行的过程中是非常严格的。另外，就算再科学的投资手段和方法都有其优点和缺点，这是因为股票市场是千变万化的，科学的方法也一定到哪都适用，但我们遇到这种情况时，比如没有买到或没有卖掉股票，这时在灵活使用上还是要有限度的，不要因为出现特殊的情况就彻底改变原本的操作计划。

第二节　操盘时的控仓与心态

一、如何控制仓位与心态调节

很多散户常常就是一有钱就存入股市，不管熊市还是牛市，账户里有钱就马上买股票，一年基本上都是满仓操作，或者是股价稍涨就赶紧满仓，认为又要大涨，可不能失去机会，还说这是不浪费资金，是充分利用资金。

要是处于上升行情中，股票买对了，满仓的话肯定有大的收益率。不过，你有几成把握可以买对股票？如果买错，尤其是在熊市和牛市的调整阶段，满仓的风险肯定最大。

心理学中有一种"优先性偏见"的概念，就是说人们在形成一个

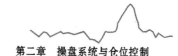

偏好的时候通常会不自觉地歪曲其他的信息来支持自己的偏好。弗洛伊德就描述过这种心态："人们通常只相信对自己有利的事。"

很多散户会不自觉地用自己的主观臆断去判断市场走向，通常只相信对自己有利的事，以有无股票来分析认识研判大盘或个股，这样判断常常是错误的。

买入股票以后，你买的就不只是股票了，它已成为你的寄托和希望。在赚钱欲望的驱使下，你可能只会想当然地看到股票好的一面而下意识地去忽略坏的一面。你希望它上涨，不希望它跌。所以你会反驳别人对这只股票的指责而且还能找出一些看多的理由，潜意识中会自觉不自觉地鼓励或期望别人去买或多买自己已经持有的股票。有无股票或不同的仓位，都会使散户产生不同的心理意向，以致分析判断很容易出现偏差和错误。如果满仓或重仓，就会只想看多，希望大涨，甚至有时已经发现走坏的技术指标的提示信号也不愿相信。有股涨了就开心，跌了又心烦意乱地跟着着急，因此，以有没有股或是仓位的轻重来研判股市是不理性的，这样很难正确评估分析自己入手的个股。

所以散户要有效地控制仓位才有利于操盘时心态的调节，要一直保持一个好的心态，不要因为股价的剧烈波动或盈亏造成过重的心理负担。仓位影响心态，而心态将影响一个人的风险控制能力和决策，决策最终会导致输赢。

二、控制仓位时的纪律执行

近日股市一如既往在低处震荡，多数股民也一如以往，在抄底加仓还是持币观望的问题上纠结。笔者的观点是，与其忧心于此，不妨在平时的操作中注意做好仓位控制并严格执行纪律。事实上，之所以炒股历来"七亏二平一盈"，我们追究其根源还是在于控制仓位，并且

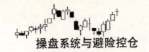

必须要严格执行操作纪律。

在震荡市中，规避风险的最有效途径就是仓位控制。只有重视并提高自身的仓位控制水平，才能更好地控制风险，一方面防止亏损进一步扩大，另一方面争取把握时机反败为胜。就目前的市场情况，股民在控制仓位的时候要做到以下三点：

（1）注意持仓比例。在震荡市中，需要对持仓比例进行适当压缩，尤其是一些仓位比较重或者是满仓的投资者，应该借助反弹尽量调整仓位比例，因为在不清楚市场方向的前提下，仓位过重很可能会被套牢，进而对投资者构成较大的心理压力，导致实际操作常常失误。对于一些浅套且后市没有多大上升空间的个股，投资者要有魄力果断斩仓。只有保住充盈的备用资金，才能在震荡市中立于不败之地。

（2）注意仓位结构。由于市场的热点在不停改变，所以可以借助市场的调整对所持股票进行筛选。具体做法是：把一些股性不是很活跃、盘子比较大、缺乏题材与想象空间的个股趁市场调整逢高卖出，摘选一些有新庄建仓、业绩增长强劲、将来有可能演化成主流的版块成长股逢低买入。一个可以长期保持具有竞争力的仓位结构，是决定投资者在未来能否反败为胜或是保证盈利的关键一环。

（3）注意分仓程度。投资者可以根据自身资金实力进行分散投资，也就是分仓。假如是从投资价值角度所选的个股，可进行长期战略性买入，同时将资金分散至不同的潜力板块中。

三、要持之以恒地执行纪律

在股市盈利凭的是三分技术，七分纪律。严格地执行操作纪律对于股民来讲十分重要。股神巴菲特也曾不止一次地说过，应该严格执行止盈止损的操作纪律，因为这才是能够盈利的关键。事实证明，凡

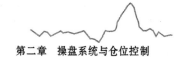

在炒股过程中始终保持良好战绩的投资者都深谙此道。

重点结语

对于在投资市场摸爬滚打的人来说，止损是一个十分重要和关键的纪律，尤其是在瞬息万变的市场中，止损就是资金的最后一道保险杠，其最大的好处就是能把亏损控制在最小范围内，从而有效地保存资金实力，以备来日再战。我们无法避免投资决定的失误，但如果不及时纠正这个错误，就会把自己置于危险的境地。而所谓纪律，是投资者为自己制定的原则。不管身处低迷或是身处繁荣的市场，严格遵守纪律都可以起到控制风险、把握收益的作用，而纪律的根本在于严格地执行，以及持之以恒地坚持下去。

第三节　弱市格局下的控仓技巧

一、弱市的特点

（1）从盘面上看，交投清淡，成交量持续低迷，并且大盘只是在小范围内上下震荡，没有趋热的意向。

（2）消息面方面，近期虽有"沪港通细则出台"以及"浦发拟发300亿优先股"的利好消息刺激，但"五一"节前最后一个交易日的特殊时间窗口，依然使市场交投氛围趋于冷淡，各路资金都显得无心恋战，股指也走出了四平八稳的窄幅震荡节奏。展望就要来到的5月行情，多数市场分析人士都有比较积极的预判：假如节日期间没有太大的利空突袭，那么节后很可能会走出一轮基于超跌的反弹行情。

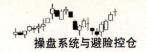

（3）从技术面上看，股指走弱，RSI指标近期也保持相对弱势，呈明显的弱市特征。

（4）均线夹层，仅有20%的个股跑赢大盘，而占有市场80%份额的个股在下跌，这也是我们常说的"二八定律"。对这两者的形态对比可以发现，处在极度弱市时期的80%个股始终被长期均线压制。有大多数形成了均线夹层区，徘徊一阵之后破位快速下跌，导致这方面的主要原因要归根于缺少场外资金的支持，同时是对股价接近长期均线后所产生压力的一个提前性的技术性共鸣，而这个共鸣的最高点恰巧是投资策略的转折点，是对仓位实行动态调控的一个最好时机，由于股价接近长期均线后长时间的无量横盘意味着股价在短期内很难实现突破，唯一可以选择的就是价格的下跌，那么这时在操作中也只能以卖出为主，不然蒙受的损失将会更大。

重要的股价弱市特征主要由均线夹层走势体现。不管是单线夹层还是双线夹层，均为股价缺少量能配合无力冲破重要阻力区的表现。而其中杀伤力最大的和最可怕的是股价结束夹层走势后通常会出现加速度下跌的迹象，因此在实际操作中只能结合两种不同的均线夹层走势做出及时地卖出决策才可以规避风险。

二、弱市格局要以控仓为主

弱市格局逢高减仓。

我们不管在经济层面还是在技术层面，股市在2015年下半年以前出现牛市或是大行情的概率非常小，这个结论并不是靠主观臆断得来的，而是基于历时二十几年的经济数据和交易数据的统计、分析的结果，而且今年经济增速可能再次探底。从当前已经公布的3月经济数据和一季度的经济数据来看，固定资产投资，尤其是房地产投资增速下滑已很明显，工业企业盈利总额同比增速尚未见底，进出口、消费

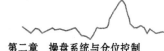

同比增速短期回升有限，经济在短期内下滑的动能仍然存在。虽然说一季度后半期以来经济增长预期升温，政府也的确推出了例如房地产分类调控以及保障房建设和棚户区改造等保经济措施，不过整体来看仍然属于托底性质，对延缓经济下滑的速度起到了一定的作用，但是这样仍难以扭转经济下滑的趋势。基于数据的推算，笔者认为经济下行并没有结束，探底的过程可能会超过投资者预期。

然而多数投资者对近年来国内经济增长维持高速，但是股市却连年下跌还没办法理解，甚至觉得股市与经济两者之间是脱节的，不过从我们的数据逻辑来分析，反而正是市场真实地反映了经济内在的周期性，经济面与市场时间周期数据逻辑如果是成立的，则意味着2015年以前鼓吹牛市或是行情大反弹者，恐怕只是一些投资者的一厢情愿。

上述判断或逻辑假如是成立的，那么后面应该采取什么样的操作策略不言而喻——仓位要始终控制在一个较低的位置，之所以这样，最根本的理由源于我们认为市场探底没有结束，而短期内牛市也不大可能会到来。短时间的上涨或下跌虽说也有可能盈利，不过在大趋势还没出现以前，保持适当谨慎还是必要的，有一些投资者看到一两天的上涨就摩拳擦掌地想马上追高，生怕踏空似的，其实没必要这样。

在实际操作中，如果这时市场出现预期的弱反弹，那么要尽量以波段操作为主，逢高卖出降低持股仓位，再或是使用中性对冲的方法。回避后面可能面临的不确定性，开新仓就暂时不要考虑了。

三、迎接弱势反弹行情：仓位决定你的技术

1. 弱市中仓位的重要性

可能大多数投资者都喜欢把选股和买卖点支撑位置当作最重要的技术来学习，笔者认为最重要的一环其实不是选股，也不是买卖点，

而是只有两个字"仓位"。

你的仓位决定你的选股，你的买卖点，因为股票的好与坏，是否有潜力，买卖点是不是有效都不是你说了算的事情，唯有仓位，是你真正能控制、能自己把握的事情，并且处于熊市中的时候你会发现所有你之前学的选股、K线、指标技术都起不到作用了，唯独你的仓位控制技术有效，这也说明我们只要多内观自己的操作策略、资金管理，还是可以稳定在这个市场上获利的。

2. 弱市震荡行情中抢反弹要注意的十戒

在股市的调整过程中，也经常会出现反弹走势，反弹行情在追逐利润的同时，也伴随着一定的风险。具体来说，在市场处于以下情况时，投资者最好不要去抢反弹：

（1）在多杀多的局面中不要去抢反弹。不要忽视多杀多局面下的杀伤力，投资者需要耐心等待做空动能基本释放完毕后，再考虑下一步的操作方向。

（2）如果仓位过重的话最好不要去抢反弹。在抢反弹的时候一定要控制好资金投入的比例，既不要重仓更不要满仓。假如是仓位比较重的投资者，再贸然参与反弹行情，全线被套的被动局面将会很容易出现。

（3）如果是股市新手不要去抢反弹。参与反弹行情属于短线投资行为，这需要投资者具备沉稳的投资心态和敏锐的判断以及果断的决策和丰富的短线投资经验。

（4）如果不设置止损不宜抢反弹。反弹行情在提供炒作机会的同时，也说明了市场并没有完全转强。在参与反弹行情时应该坚持安全第一、盈利第二的原则。

（5）确立弱势后不宜抢反弹。当行情处在熊市初期阶段，后市的下跌空间还比较大；或者市场趋势运行于明显的下降通道、行情非常

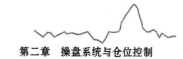

疲弱时，不要轻易抢反弹。

（6）脉冲行情不宜抢反弹。对于快速反弹行情与涨幅不大的小波段行情的态度，投资者应以冷静观望为主。这类反弹的获利空间十分狭小，可操作性差，没有大的参与价值。

（7）下跌放量不宜抢反弹。股价已经在持续下跌了一段比较长的时间之后，跌市将近尾声的时候，抢反弹要选无量空跌股，而不能选择放量下跌股。

（8）股价抗跌不要抢反弹。尽可能地选用超跌股去抢反弹，因为在股市的某一段下跌的时间内抗跌股会表现得比较抗跌，不过，这种抗跌的时间也不一定持久。

（9）控盘老庄股不宜抢反弹。这类庄股不管有没有经历深幅回调，都不适合去抢反弹。控盘庄股经过长期运作，庄家的成本十分低廉，就算经历过大幅跳水，庄家依然有利可图。

（10）当风险比收益大时不要抢反弹。只有在预期收益远大于风险的前提下，才可以抢反弹。

另外，还要关注大盘，只有在大盘的上涨空间远远大于下跌空间时，才是抢反弹的最佳时机。

重点结语

在弱市格局中，控仓至关重要。由于股市行情处于弱市，投资者资金在承受巨大风险的处境中，而控制仓位是保护投资者资金安全、规避风险的首选良方。

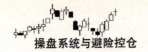

第四节 震荡行情下的控仓技巧

一、震荡的图例解析

1. 深陷震荡的主因（见图 2-5）

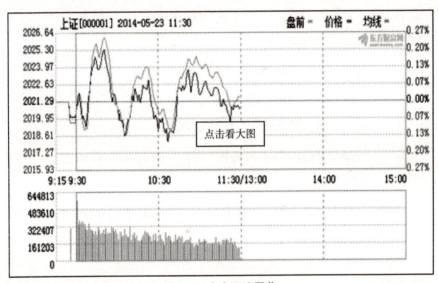

图 2-5 大盘深陷震荡

经过昨日冲高回落后，今天大盘又一次陷入困境。早盘两市极为弱势的震荡，沪指上午成交额更是只有区区的 239.9 亿元。笔者认为，造成大盘深陷泥沼的原因主要有四个，只有消除这四大困境，A 股才可能有一线生机。

（1）第一个原因是目前市场上的热点大幅度减少。

在市场很弱的情况下，面对三无题材、有主力暗中出逃、无量盘整以及技术上破位后无力反弹的个股，规劝投资者还是不要立于危墙

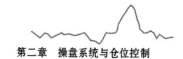

之下，而应以逢反弹调仓为上策。

（2）第二个原因是今日 10 余家过会企业获封卷通知。新股发行审核工作流程显示封卷是倒数第三步，所以新股重启发行就在眼前。然而在新股还没有上市之前，当前主力资金都去为打新作准备了，这一定会使市场弱不禁风。

（3）第三个原因是市场信心不足致使场外资金迟迟不愿注入 A 股，在没有增量资金入场下，大盘要想走出大级别的行情，简直是难上加难。在市场内资金的博弈明显不具备持续性，大盘陷进泥沼也不奇怪。

（4）第四个原因是宏观方面。虽然汇丰 PMI 有所好转，但却掩饰不住楼市风雨飘摇的危机。而楼市一旦有了风吹草动，管理层出手稳定的可能性较大，到时候房地产大融资或许会再次来临，这加大了 A 股的融资预期。

在出现极端地量后，那么后市变盘将会是暴风雨式的。而在暴风骤雨式的变盘还没有到来以前，先做好风险防备便是合格投资者的首要任务。毕竟利润是风险控制的附带品，并不是侥幸、赌博心理的结果。所以，对于主力资金大幅出逃的个股，投资者不要盲目地坚守；对于技术破位杀跌的个股，投资者要敢于止损，俗话说得好：留得青山在，不怕没柴烧；对于中报业绩暗淡、涨幅又较大的个股，投资者要尽量回避；对利空不断且筑顶明显的个股，一定要敢于斩仓。

2. 短期可能会在 2000 点附近震荡（见图 2-6）

在早盘中，两市冲高之后回落，次新股以及计算机这些中小股票较为活跃，而银行等权重股则没有活力。预判大盘短期内会在 2000 点附近震荡，逢低适当关注结构性机会。

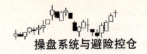
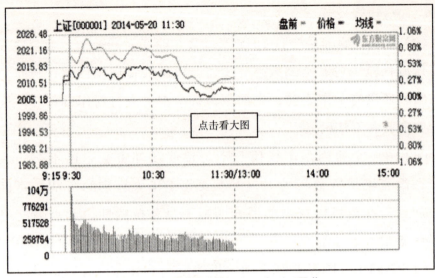

图 2-6　短期可能会在 2000 点附近震荡

3. 震荡蓄势，主力静候反攻信号（见图 2-7）

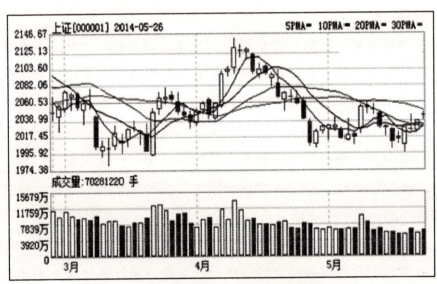

图 2-7　震荡蓄势，主力静候反攻信号

周一，两市震荡行情趋向利好，题材股活跃度持续。沪指盘中略有上涨，已接近 60 日均线。深成指小幅度上升，在盘中最高突破了 7300 点。创业板 6 连阳，盘中涨近 2% 收复 30 日均线。版块方面：医

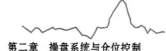

疗保健、新能源汽车、船舶、智能机器等题材股涨幅较为靠前，大部分版块是全线看涨。从盘面上看，大盘是震荡蓄势小幅反弹，主力等待反攻。

二、震荡中仓位的决定以及心态

很多时候我们难以预测股市的走势，基本上投资者都是处于被动接受的境地，不过，无法预测与被动接受完全是两码事，被动之中也可以有主动，而投资者打破被动的法宝之一就是控制仓位。

比如，假如投资者在3000点上下满仓持股，要是大盘涨了还好办，如果跌了，就只能被套与割肉两个办法了。因为资金全部投用了，就算个股出现些微机会，也再没有资金去补仓。反之，投资者如果在3000点左右空仓，也会惶惶不可终日，生怕哪天市场大涨自己踏空，到时万一忍不住追高被套，又要后悔。

事实上，如果投资者感觉目前市场处于3000点以下估值差不多合理，持有一部分仓位还是可以的，如此进可攻退可守，涨了避免踏空，跌了还可以及时补仓，心态上会平稳很多。

以下是在震荡中控制仓位的几种方法：

（1）大盘上升趋稳时可保持七成仓位，等手中股票都有获利的时候增补仓位。假如后买的股票被套了，可出手部分已获利的股票，腾出资金来补仓，摊低被套股票的成本，使之早日解套。

（2）大盘处在箱体震荡中或调整初期，保持四成至六成仓位，所持股票逢高及时"瘦身"，急跌的时候果断买入，见好就收，快进快出。

（3）在大盘处于低迷时期一路阴跌的时候，投资者就不要抱有侥幸的想法，即使是忍痛割肉也要及时离场，以等待下次机会。

投资者需要注意的是，不管在什么时间，都不建议满仓操作。满仓也是一种贪婪，过度的贪婪才会招致过度的恐惧！笔者认为，合理

和克制的仓位才是股票长期投资的前提！投资者自己的操作理念和风险承受能力怎么样也是控制仓位的参考之一，比如，投资者做的是短线，相对承受能力比较强，这样就可以增高仓位。而如果你做的是长线投资，那就守住某些价值投资股票，在股价急跌的时候少量加仓，在股价快速拉升的时候逢高减仓，这就是我们所说的"看长做短"，这是一个较为明智的控仓办法。

三、均线控仓规避风险

赚钱多少的关键在于均线控仓。

如果说买对股票就是赚钱，那么制胜的关键就是买多少。

很多投资者可能都遇到过类似的情况：本来自己看好一只股票，而且买了之后也一路大涨，结果涨完了才发现自己只买了几百股，或只占自己所有资金的不到 10%，就算有翻倍的利润，对于所投总资金来说也仅是杯水车薪，无济于事。而当自己要重仓的股票，往往跌起来如同流血，让自己昼夜难眠。

其主要的原因，是不懂得如何控制自己的仓位，继而来控制自己的利润！

究竟该怎样通过仓位的管理来实现最大利润？简单来讲：在看不清市场又怕上涨时半仓以下，而当确定看涨时保持八成左右的仓位，当确定看空时空仓。要言行一致，长此以往，一般就是赚大钱赔小钱，最终结果还是赚钱。倘若做反，赚小钱赔大钱，长此以往，就没有翻身的机会了。

不过，判断市场又需要大量信息的阅读和经验的积累，要谨慎，注意风险，为什么要谨慎呢？原因是一些影响市场的信息在发生变化的时候，多数的投资者常常不能做出准确的方向预判，怎么办呢？有一个既简单又实用的办法，就是利用均线控仓。那么，用什么均线最

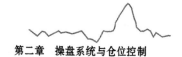

为可靠？而 30 日均线是市场的生命线，是决定生死存亡的线。

以大盘图 2-8 为例分析，在 2010 年 7 月份、9 月份和 2011 年的 2 月份，A、B、D 三个位置都是站上了红色的线 30 日均线，许多人可能会说这些就是买卖点，其实却是仓位的最佳控制点，只用在 A 点到 C 点之间保持高仓位，在 C 点和 D 点之前保持空仓或轻仓，在 D 点与 E 点之间保持高仓位，只有这样操作才能赚到！

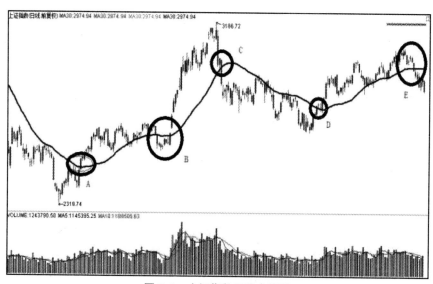

图 2-8　上证指数日线走势图

要是你保持持续满仓，就会发现想要赚钱十分漫长，而赔钱却是非常迅速的。要是你一直保持较轻的仓位，感觉上又好像没怎么赚钱；而事实上，大多数股民却总保持满仓的状态，无论大盘怎么样，风雨无阻！

再以下面这个个股为例，如图 2-9 所示。

这是东方通信，如按刚才所讲，在 30 日线上方且 30 日线方向向上把仓位加重，这两次的获利差不多可以满足一年的收益了，50% 的收益轻松入袋。

再看下面这只股票，如果早知道控仓的话，就不会亏损到这种地

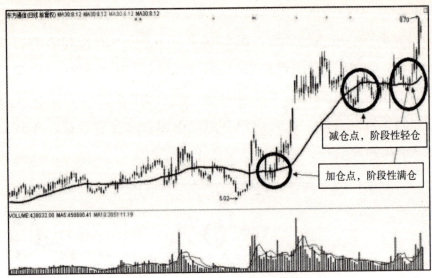

减仓点，阶段性轻仓

加仓点，阶段性满仓

图 2-9　东方通信 30 日线走势图

步了，如图 2-10 所示。

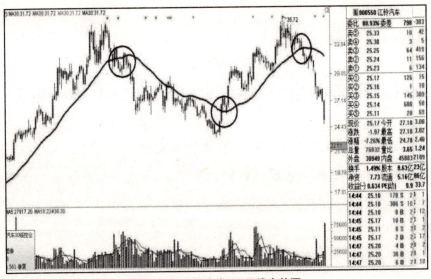

图 2-10　江铃汽车 30 日线走势图

从这几个关键点，可以很清楚地看到，如果控制了仓位，结果就会很不一样。如果控制得不好，会有不太理想的效果，如图 2-11 的走势。

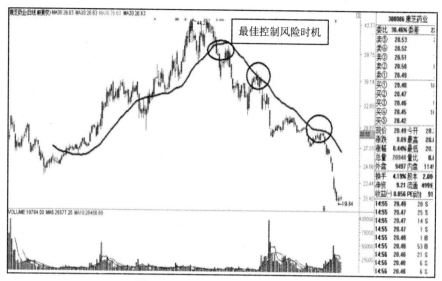

图 2-11 康芝药业 30 日线走势图

图 2-11 中最佳控制风险、控制仓位的时机是第一次跌破 30 日线时，而后几次的反弹是要考虑减仓的操作，不然，投资者会蒙受巨大损失。

以上举例说明了控制仓位的情况和方法。需要注意的是 30 日线均线并非选股方法，不可用此进行选股，只能看盘控仓。可能你会问，为什么要用 30 日线，而不是其他参数，原因有两条：一是大多数投资者买股票之前在 1 个半月左右的心态是非常浮躁的，赚钱或赔钱都想卖出去；二是很多人买股票之后盈利 10% 左右时最为犹豫，赚了钱的怕再赔回去，赔了钱的怕再也赚不回来。所以，30 日线最能代表参与者的心态。

30 日线控仓，要先看大盘环境适合持有几成仓位，再看行业龙头多只股票适合多少仓位，最后看手中持股仓位控制；只有这样才可以稳定地增仓减仓从而锁定利润。而在关键位置的时候，一定要注意量能的变化，这才是能不能不断上涨的关键。

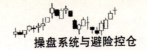

四、且控且分析

分析大盘的几个关键要素较为复杂，从国家经济、国际形势到某个版块的一次小小变化以及某只重要个股的一次异样起伏等。作为一名操盘者，对大盘的研判是非常重要的，判断得是否正确甚至可能直接影响到投资的成败。而要想准确地预测到大盘走势几乎不可能，作为一个完善的机构团队想成功地判断出大盘的运行轨迹都非同易事，那么作为没什么优势的散户应该怎么做才不至于落后呢？

大的行业周期和经济情况可以慢慢学，但是作为散户最有用的还是从盘中去分析观察，以下是几种大盘的研判方式供大家参考。

1. 支撑位与阻力位

这里所说的支撑位与阻力位是指市场都认同的位置，比如整数关口、平台位及放量位等，并不是依据个人喜好所画出的支撑线与压力线。大盘在这些支撑位和压力位的走势直接地反映了市场多空双方的一个态度，短期内对大盘的判断非常有用。不过要谨记一定得是重要的位置，而不是普通的那些均线之类的，因为那些对于心理作用的折射基本没有多少用处，如图 2-12 所示。

我们把"谷"（或者说"向上反弹的底点"）称为支撑位。用某个价格水平或图表上某个区域来表示。在此点位的下方，买方意向强大，足以抗拒卖方形成的强大压力。最后价格在这里停止下滑，调头向上。往往当前一个向上反弹的底点形成后，就能够确立一个支撑位；反之就是阻力位，以下是几种典型的支撑位图例，如图 2-13 至图 2-15 所示。

2. 短期龙头动向

这里的龙头并非指某只上涨股，当市场某个位置处于一种徘徊状态时，往往都会因为某些特别的原因，而这些原因所对应的个股或板

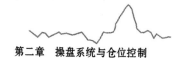

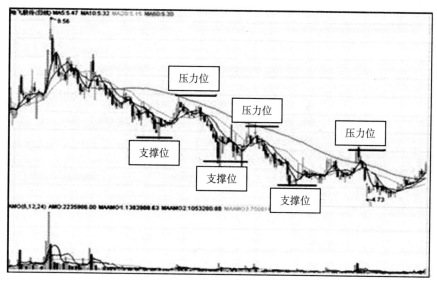

图 2-12 支撑位与压力位

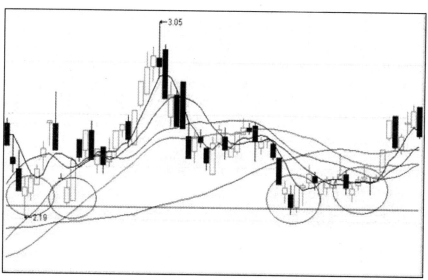

图 2-13 前期平台

块就是短期的龙头，市场注视着它的一举一动，所以它的动向也就会直接影响大盘短期内的动向，所以在操盘时应重点关注这些重要的龙头。

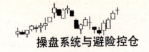

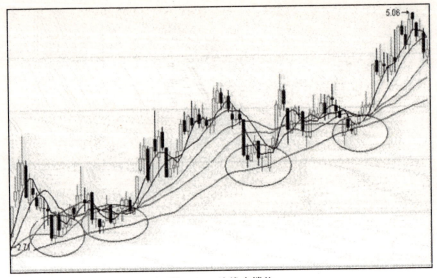

图 2-14　均线支撑位

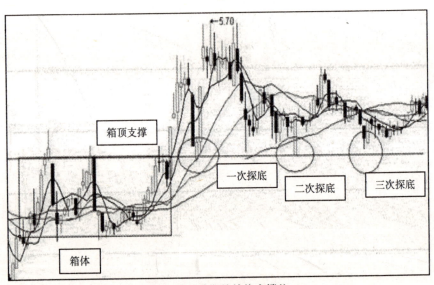

图 2-15　前期的箱体支撑位

3. 盘中热点

盘中热点体现了市场短期内的心理变化特征，是趋向保守还是趋向无畏都可以反映出来。

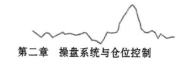
4.量能

"有量则生，无量必死"。这是有道理的，多数投资者都知道上涨要放量，下跌要缩量这一理论知识，但是又有几个能知道从量能分析股价涨跌的技巧呢？

如单单说"量"，那能写一本书了。在这里我们主要讲解一下"地量"，我们所说的地量就是成交量萎靡到近期的低点。因此股票中出现近期的地量并不是说以后就没有更低了，可能还会继续缩量。不过如果量能出现了拐点，那么股价很可能会随之变化。在股市里流行一句老话叫：地量以后就是地价。其实不对，地量之后并不一定是地价，有可能当时出现了地价，不过后市也有放量再杀的可能，要么就是缩量再跌。多变的股市非常复杂。

以图 2-16 来讲某股走了一个上升波段后开始调整，股价下跌，某天出现了极小的成交量，这只能相对来说是地量。值得注意的是这是一根地量阳线。

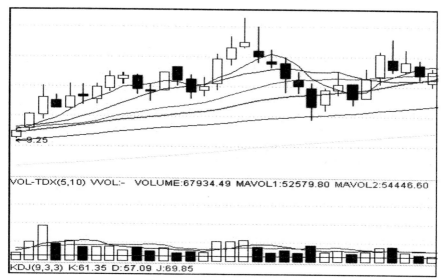

图 2-16 某只股票出现了地量

地量出现后出现了放量，随之价升量增，出现了一波突破拉升的走势，之后近期的天量出现了，如图 2-17 所示。

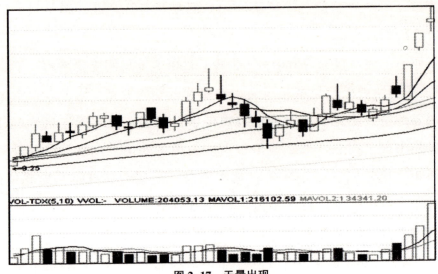

图 2-17　天量出现

既然天量出现了，后续量能没有跟上，而且天价没有出现，就只能进行调整了。这图形里有拉升、洗盘、跳空、回抽、下跌等，此股从 9 元多涨到 16 元左右，这样的涨幅已经不错了，如图 2-18 所示。

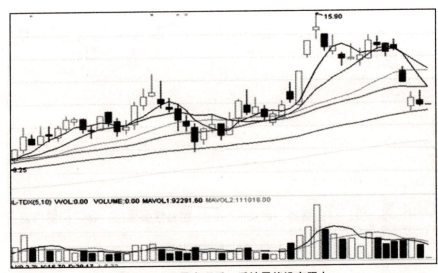

图 2-18　天量出现后，后续量能没有跟上

再看图 2-19，一座山形形成后出现了近期的地量，又是地量阳线。

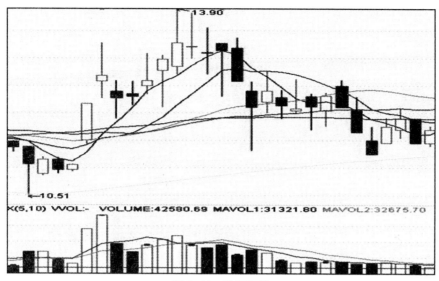

图 2-19 地量阳线

随后量能增加，股价上升，如图 2-20 所示。

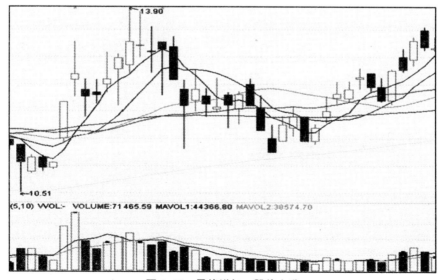

图 2-20 量能增加，股价上升

5. 隔夜新闻

如果想了解头天收盘后有什么事情发生就要多注意隔夜新闻，

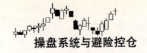
你需要做的就是在第二天的盘中去看看市场投资者对这些新闻的反应与理解。这种做法在很多时候会使你更清楚地看到当前市场运行的状况。

以上是笔者根据自己长期的经验总结出的几点，而且自己也会经常用这几点分析研判短期内大盘的走势，很有用，拿出来与朋友们分享学习共同研究。

重点结语

控制在市场特别是在震荡市中，具有非常重要的意义。无论运用哪种控仓方法，执行还是最关键的，投资者不要凭一时冲动，贸然打破自己制定的控仓标准！

第三章 短线如何控制仓位避险

第一节 短线控制仓位的步骤与原则

一、仓位控制的步骤

短线控制仓位的方法。

以笔者长期的市场经验来看，中国股市其实并不适合长线的操作。对于散户而言，如果在股市中持的是长线思维，很少有盈多亏少者。在股市里，短线才是最好的盈利方式，中线是股市里操作的极限。相信对长线有信心的投资者不在少数：原因是对经济长期增长有信心，对股市长线持有信心。其实只要我们在实际生活中多留心一下就清楚，我们的 GDP 连续几十年处在高增长期，不过民众的收入长期是没有什么增长或者增长是十分缓慢的，这就解释了为什么股市难有长期牛市的原因。可能这些数据会有一些水分，又或者是增长的成果被少部分人剥夺了，大部分人并未享受到增长的成果。

前面我们已经讲过不能合理控制仓位所带来的严重后果，常见刚入市的投资者操作都是全仓买入、卖出。如此操作的弊端很明显。盈

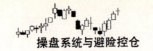

利后不及时止盈很可能最终无法盈利甚至会亏损，而不及时止损的话很可能会陷得越来越深，最终输掉所有筹码。下面，我们着重讨论一下短线的仓位控制。股票的价位不是一成不变，所以相应的仓位也要随之调整。对于以天为单位的短线操作来说，仓位在一天之内变化的平均值称为平均仓位，相对于平均值的变化称为仓位波动。一个合适的仓位与股票的走势、特性以及止损策略、买入时机都密切相关。这里我们主要讨论分别在下降和上升趋势中如何控仓才能让我们更好地保本盈利。

1. 下降趋势仓位控制方法

下降趋势仓位控制方法并不适合所有的市场环境、投资品种和投资者。此种方法是在长期下降趋势的末期阶段使用的，主要针对于将来有可能成为市场主流的新股或者次新股才可以进行布局。为了减少投资风险，投资者最好使用分批建仓方法。分批建仓是对将来具有一定发展空间的个股，在经历一大波下跌以后，投资者怕踩空而事先入手部分股票的方法。如果股票进一步下跌再逐步买入增加仓位，直到市场趋势转为向上。这种方法能够规避部分风险，往往是较大资金使用这种控仓方法。

这类方法的代表是 1、2、4、3 建仓方法。如果新股或次新股从最高点到买进的时候已下跌达到 50% 以上就能使用这种建仓法。举个例子，当股票从它的最高点 20 元跌至 10 元时，就能够将整体资金的 10% 介入市场了；当股价再下跌 10% 之后，就再将整体资金的 20% 介入市场；股价再下跌 10% 以后，再将整体资金的 40% 介入市场；股价再下跌 10% 以后，将剩余的 30% 介入。股价从 20 元跌到 7.3 元，投资者如果按 1、2、4、3 仓位控制法的话，亏损幅度可以控制在 10% 左右。

2. 上升趋势仓位控制方法

贪婪与恐惧是很多投资者无法克服的弱点。当上升趋势临至末期的时候，投资者通常表现出的是贪婪地越买越多，不断地加仓而不是恐惧。而当下降趋势临至末期的时候，投资者的表现反而是恐惧，往往不断地减仓，越卖越少却不是加仓。

当确定了上升趋势之后，投资者采用的买进办法应该是"金字塔"式，"金字塔"式建仓操作法是专业投资机构使用频率最高的一种仓位控制法，这是在上升趋势中确保利润的最好的方法，能够较大地分散投资中的风险，此种方法的代表就是"二二制"仓位控制法。当某股票的价格为5元时，投资者买入1万股，买入后股价涨到了11元，这时就只可以买入5000股，再涨到12元，就只可以买入2500股，以此类推。"二二制"是每次买入都是上一次的50%的仓位控制方法。投资者要保证在价格上涨中越买越少。

二、仓位控制的原则

短线是最好的盈利模式，是笔者历年的经验总结。笔者认为所有散户要想在股市里很好地生存下来，短线操作是最好的选择，除非你离开这个市场。历史证明，股市不适合长线操作，唯一的办法是找到适合自己短线操作的方式，每个人都有自己不同的想法，所以操作方式是会存在很大区别的。不管使用哪种方式进行短线操作，都应遵循的一大原则仍然是仓位控制。满仓位操作是短线的大忌，因为满仓操作会导致人的心态不稳，影响对技术的判断，涨时怕跌，跌时怕大跌，这是短线操作易亏损的主要原因。

（1）无论何时，短线更忌讳满仓操作。对于短线来说，当盘面动向在瞬间转折时，满仓等于留下风险而放弃了机会，其实市场永远不缺少机会，缺的是机会来临时所需的资金。某些时候，满仓就相当于

套牢，套牢了自己也套牢了风险。

（2）无论何时，也不要去空仓操作。投资者还是需要保持一定短线仓位的，因为只有无限地接近市场，才可以真正地将自己置身在市场之内，才可以切身感受到市场内在的变化，才可以捕捉市场的机会与更好地规避风险。

（3）在合适的时候调整仓位比例。当操作临界点和阶段时期内市场主流运作形态具备赚钱效应并形成共振，可以适当补仓；当大部分临界失效并且主流形态形成亏钱效应，就要选择降低仓位。

（4）在合适的时候调整持仓结构。作为短线交易，不参与任何调整，所以，及时地获利了结很重要；不一样的市场环境，不一样的短线操作手法决定着不一样的持仓结构。

重点结语

想成为一名优秀的短线操作者，最重要的不在于操作技巧，而是要战胜诸多心理障碍，战胜人性的弱点！其中包括：对风险的恐惧、贪婪、自负、患得患失、不知节制地过度操作，有失误时不愿承认事实、不愿检讨。这样无论你的操作技术有多好，这些心理障碍和错误都无法让你在市场内站稳脚跟。

第二节　短线仓位控制的技巧和注意事项

一、以操盘线建立自己的仓位控制技巧

掌握了操盘线的使用技巧一样可以让投资者很好地控仓获利，但

是趋势不好的时候，BS 点成功概率较低，那么笔者建议关注一下周期共振跟庄法，也就是周线操盘线蓝色就别做了，就算日线有 B 点也不需要去和一个趋势不好的股票拼命，但有一部分朋友还是不想放弃日线 B 点到周线发出 B 点的那一段收益。那我们可以用 MMPP 指标帮助我们确认一个 B 点，使用这个指标确认 B 点的成功概率还是比较高的，不过这个指标最多只能否认一个 B 点不买入，绝对不可以否认一个 S 点不卖出，因为没有什么指标可以否认 S 点，S 点卖出是永恒不变的铁律，一旦违反的话就只剩套牢这一条路可以走了！因此不管周线操盘线还是 MMPP 指标都对 BS 点的成功获利概率有特殊的影响！要是从这个角度来看的话，实际上还有不少东西对 BS 点的成功概率是有一定影响的，投资者可以利用这些影响来判断一个 B 点的成功概率大小并且对该买入点进行相应的仓位控制，以此来保证成功概率大时可以及时重仓投入，而成功概率小的时候选择轻仓操作或是不操作。笔者就此根据经验总结出以下几点对个股影响较大的因素来帮助投资者进行更科学合理的控制仓位。

（1）大盘周线操盘线状态（大盘趋势之中长期）控制 10% 仓位。

（2）大盘日线操盘线状态（大盘趋势之中短期）控制 10% 仓位。

（3）大盘小时线操盘线状态（大盘趋势之超短期）控制 10% 仓位。

（4）板块周线操盘线状态（板块趋势之中长期）控制 10% 仓位。

（5）板块日线操盘线状态（板块趋势之中短期）控制 10% 仓位。

（6）板块小时线操盘线状态（板块趋势之超短期）控制 10% 仓位。

（7）个股周线操盘线状态（个股趋势之中长期）控制 10% 仓位。

（8）个股日线操盘线状态（个股趋势之中短期）控制 10% 仓位。

（9）个股小时线操盘线状态（个股趋势之超短期）控制 10% 仓位。

（10）个股日线状态下的 MMPP 指标是不是金叉在多数情况下决定此 B 点获利的概率。

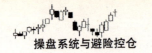

控制 10% 仓位，以上 10 条控制仓位的条件还有以下使用窍门。

（1）如果上述十个条件连四条都不满足的时候最好空仓操作。

（2）当日线 B 点错过而中间追高介入时是短线操作，在短线操作的时候就算所有操盘线都是红色，所持股票也不能超过 50% 的仓位。

（3）大盘全线飘红时，个人长期波段追踪个股同样三线全红就能够在日线 B 点进行重仓操作。

（4）无论能够满足几个条件，当个股周线与日线全是蓝色时，小时线之 B 点最好不要介入。

（5）大盘三线全蓝时（也就是当前行情），就算其他条件全部满足，最多持股也不要超过三成仓位。

（6）要是把握每次所持个股都是周线日线小时线三线全红，那么恭喜你，你所持的股票永远都是在上升趋势中。

二、短线仓位控制的注意事项

在市场动荡、起伏不定的时候，就需要我们通过资金管理和操作来规避市场动荡所带来的影响，同时如果想在波动中持续获利的话，还是要注重短线操作。以下介绍短线控制仓位需要注意的几点以及巧用"三三制"控仓方法，以此帮助我们短线获利和避免波动的风险和影响。

（1）建仓、控仓操作时不要贪求太多的获利而过多地持有股票，严格按照自己的操盘系统操作，尤其是在市场动荡期，理智控仓不贪多是生存下来的首要本领。

（2）不要盲目轻信消息。选定几只自己看好并长时间观察分析的股票。将这几只股票选为自选股，而其他股，无论是机构推荐或是股评荐股，一定要谨之慎之，万不可轻信盲从。

（3）巧用"三三制"，根据大趋势决定所控仓位。当不知道是在涨

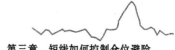

还是在跌时，大多是在震荡中或调整初期，可以只持 1/3 的仓位。假如股票一直看涨，只要涨幅超过 4%，就要考虑把仓位补到 2/3，如果涨幅超过 8% 以上时，可冒此一险满仓持有。一旦满仓持有的股票涨幅超出 20%，保守的操作就是见好就收，立即离场。如果满仓时还没看涨就急剧下跌，跌幅超过 4%，应马上减仓 1/3，这 1/3 是已经获利的部分。要是跌幅在 8% 以上，应再次减仓 1/3，这部分等于是持平部分，不亏不赚。如此腾出 2/3 的资金，就可以寻找机会补仓。要是持仓 1/3 的股票下跌超出 4%，最好补仓 1/3 以此来摊低被套的那部分股票。此时如果持续处于低迷状态，一般就保持 2/3 仓位，如遇急涨急跌时，就要逢高出仓、逢低补仓了。

（4）持续下跌，果断出仓。当跌幅超过 20% 时，一定要忍痛斩仓，换进市场中的强势股，还用"三三制"的方法来持有新股，以盈利抵消前者的损失。当然，如果此时大盘阴跌，一直在低处游荡，那么空仓等待就是最好的办法。

整理期的话用"三三制"控仓操作可以不亏损甚至还小有盈利。只要相信没有永远不涨的股票，也没有永远不跌的股票，融会贯通，灵活地使用这种方法一定可以取得相对成效。不过，此法不适合长期持有、追求价值投资的投资者，它更适合炒短线。

三、仓位控制实际图例

我们的实战操作中，大多数投资者做不好股票，关键就在于：仓位的合理控制。这是我们一说再说的问题。可见控仓以及控仓方法的重要意义。仓位控制不好，何谈生存？仓位的合不合理直接影响到操作的成不成功，是争取利益最大化与风险最小化的基础和关键。正所谓"一屋不扫何以扫天下"，仓位杂乱无章，就相当于为亏损埋下一个定时炸弹。以下是控仓实战与大家分享，以此让更多的投资者，尽量

避免在投资中遭受损失。

1. 仓位控制和止损的关系

事实是，仓位控制与止损有着密不可分的关系。

（1）对的止损法是把止损位设在前底部稍下方，例如：前底部的最低价是 6.86 元，那就设止损位为 6.80 元；要是前底部是 10.23 元，那么止损位设为 10.13 元，其他以此类推即可。

（2）把止损位设对以后，那就要算一下止损的幅度。例如，按此前讲的例子，假设前底部为 6.86 元，目前的收盘价是 8.17 元，那么止损幅度应该这样算：$(6.80/8.17 - 1) \times 100 = 16.76\%$。

（3）算出止损幅度以后，就是确定你所能承受的风险，比如，5%，即如果止损出局，每一次的总损失（一次的损失/总资金）不超过 5%。

（4）根据前面计算的数字，可以算出仓位比例：$5/16.67 \times 100 = 29.8\%$。这个 29.8%就是仓位比例（实战可定为 29%或 30%）。

假如你只想承担 3%的风险的话，那仓位比例是：$3/16.76 \times 100 = 17.9\%$。其他以此类推即可。这样操作既简单又方便。

遵守上述方法，你就不会在股价跌破止损位时优柔寡断，无从下手，因为你一次损失的资金非常少，而之后的机会却很多，有很大的可能性来扳回损失。你将始终保持良好的心态与积极的姿态，纵横股市，甚至成为常胜将军。具体操作可参考图 3-1。

2. 调仓与控仓的十大法则

根据大盘趋势合理调整仓位的轻重很有必要，当股指疯狂拉升时，就要大幅减仓 80%左右或空仓操作；当股指急剧下跌并确认见底的时候，那么则可根据时局变化，采取金字塔买入方式分批入局。这是仓位控制的核心思路。

"调仓和控仓"其实也就是账户结构整合的步骤以及比较好的账户

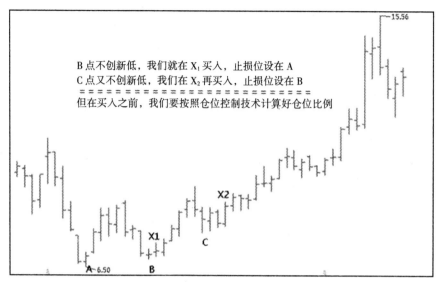

B 点不创新低，我们就在 X_1 买入，止损位设在 A
C 点又不创新低，我们在 X_2 再买入，止损位设在 B
但在买入之前，我们要按照仓位控制技术计算好仓位比例

图 3-1　仓位控制和止损操作方法

整合方法，以下是在实战中积累的十大黄金法则。

（1）抛出仓位中的零头股，也就是持仓量最少的股票（通常仅占整个账户市值的 10% 以内）。这样的股票不管看涨还是看跌，对整个账户市值的影响力都是最小的。

（2）抛出仓位中的亏损股和问题股。对待这样的股票应该快刀斩乱麻，永绝后患，切不应给予不切实际的幻想。

（3）抛出仓位中操作亏损最小的股票。为什么呢？因为抛出的目的是整合仓位，并不是苛求这笔买卖所带来的利润。在这个前提下，这样整合对仓位的损害度是轻微的。

（4）同样以整合仓位为目的，抛出仓内盈利最多的股票，这样的股票自然是先抛出落袋为安再说。待账户结构整合合理了，再挖掘优势股票介入也不晚。

（5）最近两周之内，处于迅速上升阶段的股票也要抛出。在两周内快速上涨的阶段，不需质疑当前回调的压力和需求是很大的。以整合仓位为目的，当然要先抛掉这样的股票。

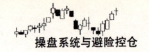
（6）抛出仓位内市盈率最高的股票。这样的股票意味着两点，一是价格太高，二是业绩够差。对于其他股票而言意味着风险更大，同样以整合仓位为目的要先抛出这样的股票。

（7）在账户中只留一个最好的同类型、同行业股票，其他全抛售，避免出现板块重叠。例如：你买了3只同一板块的股，那么这个板块一下跌，你的3只股也一定不会幸免；假如这个板块涨了，那资金放在最好的这一只上，收益就会实现最大化，这样可以有效地集中资金狙击，获取较高的成功率和降低风险。

（8）把仓位里的股票全部抛出，轻松地给自己放个假，以此来修正投资心态，待行情明朗后再重新入市。

（9）如果账户里持仓个股的数量很多，但每个股票的持股数又比较少，且还比较平均，而突出重点的投资品种却没有。同时，按以上整合程序整合不了的，最好的办法就是把这些杂乱无章的股票全盘抛出，转换到一两个重点优势股票上来。

（10）待大盘大幅度上升以后，将所持仓股票全部抛出空仓等待下一轮行情来临时能够轻装上阵。

重点结语

一个好的短线操盘手，在战胜人性弱点的同时，还要调整好自己的仓位，短线控仓最重要的是及时止损，在实际操作中根据大盘及所选个股的走势做好调整仓位的工作。

第四章　短线仓位控制的流程与注意事项

第一节　短线仓位控制的基本流程

一、建立持仓标准和止损位

一个投资者走向贫穷的捷径就是在股市中毫无根据地随市场情绪化频繁地短线操作，而这种操作方式可以说是很多人无法摆脱的"操作模式"。市场上还有一种错误的操作方法就是满仓，如果在股市中不会空仓，很难获得满意的收益。正确的操作方式是顺势波段重仓并行于3~6只（根据资金量），潜力股盘整时分批纵向于1~2只潜力股，弱势时空仓于没有把握时的品种和对机会模棱不清的品种。以此来看，建立一个自己的持仓标准很有必要性，不建立就等于毫无戒备地把自己推向贫穷的深渊。

1.买卖持仓通常操作原则

买卖的主要步骤是：

（1）收集所有的有用事实。

（2）选用和比较幅度高效率的事实。

（3）将信息融入实战。

（4）千万不要心存侥幸。

（5）在赢得30%以上的盈利后比较机会。

（6）换品种和空仓等待。

（7）1~2个月是一个操作周期，一年可以做成功5只重仓股票就已很成功。

（8）要使用部分筹码低买高卖，以此来降低成本。

（9）持股求稳，买股要慢，卖股则要快。

（10）先定策略，后定战术，要是投资者本身的操作策略错了，那么有战术也没用。

（11）每次操作后要及时做总结，以便为以后操作做参考。

2. 规避常犯错误原则

规避常犯错误的原则有：

（1）不能在大涨以后追高入场，也不能在大跌以后低位杀跌，在举棋不定的时候遵循50%原则。

（2）不要在利好公布后买进，不要在利空公布后卖出，不持有缺陷明显的股票。

（3）时机的选择比选择品种更重要，买入靠的是信心，持股靠的是耐心，而卖股则是决心。

（4）资金少随大流的行为永远是错误的。

在介绍资金安全管理的时候，多数操盘高手都会花费相当大的篇幅首先就提到止损！就笔者而言，止损的意义在于：在迎接下一次挑战的时候，不会因为没有子弹而被淘汰出局。

你可能会听到过一些人会说："我从来不亏本平仓的，没有认赔出局的习惯！"可能他们对于掌握市场成竹在胸，是的，他们是高手；也

或许是因为他们运气太好，从没感受过在"高位举杠铃"的味道！

而对于大多数投资者来说，可能都感受过高位接盘而被迫"举杠铃"的滋味，那种感觉实在是不好受。所以建议投资者最好有制定好适合自己的平仓原则（包括止损和止盈）以免被动。以下是在实盘中较实用的几种方法：

（1）就是要"顺势而为"。买进一只股票后，不要总是盯着买进价位，而是直接从盘面上看卖出点。一旦卖出信号出现，就要马上平仓离场，这个方法的优点就是能够尽可能地把握到整个波段的利润。而缺点就是这种方法很大程度上要求投资者拥有出色的盘面分析能力，可以确定那些信号的准确性和真实性；此外，它受个人心态影响非常大，比较容易被主观情绪所左右，往往对已出现的信号置若罔闻，或者干脆找理由回避。提高使用这种方法准确度的办法就是必须提高自己看盘的基本功和自信心。

（2）以自己承受损失的能力来设定止损位。这种方法非常主观，和盘面实际情况没有太大联系，因此投资者在使用时因人而异，在这里不多赘述。

（3）以各种支撑线、均线系统以及趋势线来设定止损位，一旦破线就马上止损。这个方法很容易理解，也比较好操作，但在实际中就有点问题了。众所周知，突破后回抽确认、第二（N）次在下位线获得支撑而企稳……各种情况都有可能短时间内触及或破掉所设立的止损点，而这也可以被看作是良好买点的！

而这个时候对于止损来说应该等待一个明确的信号，如果行情急剧下跌，就要按原计划操作止损。

二、衡量业绩股的目标绩效

1. 业绩股票

所谓业绩股票就是指公司用普通股作为激励性报酬奖励给经营者，而股权的转移则是由经营者是不是达到了公司事先规定的业绩指标来决定的。

业绩股票的优点在于：

（1）业绩股在于激励公司高管人员努力完成业绩目标。高管为了取得股票形式的奖励，会加倍努力地去完成公司事先设定的业绩目标；激励对象获得激励股票后便成为公司的股东，与原股东有了共同利益，更会加倍努力地去提升公司的业绩，从而更多地获得因公司股价上涨所带来的收益。

（2）对人才具有较强的约束力。被激励的对象一定要实现相对的业绩目标才可以获得奖励，而且收入是在以后逐步实现的；假如激励对象没有通过年度考核，或者期间出现了有损公司行为、非正常调离等，激励对象将受风险抵押金的惩罚或被取消激励股票，退出成本较大。

（3）业绩股票是符合目前国内的法律法规的，并符合国际惯例是比较规范的，通过股东大会认可就可以实行，操作性比较强，因此，自2000年初，在国内已经有数十家上市公司争相实行了这种模式激励经营者。

（4）约束机制和激励模式相配合，激励成效显著，并且是每年进行一次，所以，可以发挥滚动激励、滚动约束的良好成效。

（5）业绩股票为什么在我国推广。

在我国上市公司中之所以最先推广业绩股票的主要原因是：

（1）就激励对象来讲，在业绩股票激励模式下，他的工作绩效和

所获激励之间的联系是密不可分的，而且获得业绩股票是由激励对象的工作绩效决定的，几乎涉及不到股市风险等激励对象控制不了的因素。此外，处于这种模式之下，最后激励对象所取得的收益和股价有一定的关系，要充分利用资本市场的放大作用，提高激励力度，不过与之相对应的是风险也会比较大。

（2）就股东来讲，业绩股票激励模式对激励对象有严格的业绩目标约束，权、责、利的对称性较好，能造就股东和激励对象双赢的局面，所以激励方案比较容易被股东大会接受与通过。

（3）就公司来讲，业绩股票激励模式所受的政策限制较少，通常只要公司股东大会通过就可以实施，方案的可操作性强，操作的成本也比较低。另外，在已经实施业绩股票的上市公司中有接近一半的企业是高科技企业，它们采用业绩股票模式的一个重要原因是目前股票期权在我国上市公司中的应用受到较多的政策和法律限制，障碍比较多。

就投资者而言，关注业绩股票以及关注其目标绩效非常有用，可能增加投资成功获利的概率。股神巴菲特选股时就会寻找那些具备持续竞争力，而同行竞争对手又很难与之抗衡的公司。而具有此种优势的公司，常常都拥有一个共同点，这就是较高的 ROE。股神巴菲特曾经说过：“一项成功的股票投资是取决于公司基本业务能否具备持续产生收益增长的获利能力，因为公司利润将会随着时间而不断增加，公司股价也会因反映公司内在价值的增加而持续上升，当中 ROE 便是一个不错的监察指标。”在巴菲特选股的模型里，有一项条件就是寻找平均 ROE 大于 12% 的公司。

对于目标股票 ROE 的分析，首先需要和公司以前的 ROE 做出比较，从而了解目标股票的 ROE 的稳定性、发展趋势和回报率能不能保持在较高水平状态。其次还要把目标股票的 ROE 和其他同行竞争者与

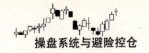

行业平均水平进行比较，从中了解目标股票的 ROE 在行内的位置与竞争力是怎样的等。

2. 衡量股票业绩的方法

怎样去衡量一家公司的股市业绩？最经常用的办法就是计算其在一个时期内的股东总回报率（ROE）。但是这种方法十分有局限性，因为在短期内，ROE 更多的是体现对一家公司未来业绩的期望值的变化，而不是反映其实际的基础业绩和健康状况。最后，假如企业一直业绩突出，可能高股东回报反而比较难实现：虽然市场认为管理层的工作很出色，不过市场的这种看法早已融入和体现在股价里了。

就以自行车做一个类似的比较来说明这个问题，自行车的速度代表公司股价中的未来业绩预期因素。假如公司业绩比预期好，市场不仅会提升股价，而且还会提升自行车的速度。伴着公司业绩的不断上升，自行车的速度也越来越快。公司管理层的表现越好，市场对他们的期望就越高；他们就必须以更快的速度前进，才可以满足市场预期。这个现象就诠释了为什么非常优秀的管理者在短期内所得到的股东回报却不多，而业绩普通的企业管理者反而可能更容易实现比较高的股东回报。如此的尴尬也印证了好公司不代表好投资的一句老话：在短时间内，好的公司可能并不意味着好的投资，反之亦然。所以投资者在投资选股时一定要擦亮眼睛看清楚再入手。

三、调整操作策略

下跌调整与上涨是股市不可或缺的组成部分，两者缺一不可。当然，可以让我们获利的唯有拉升，下跌与调整绝对只会让你亏损不会让你盈利！因此道理很简单，就是在上涨时交易，调整时观望，下跌的时候离场，非常简单好理解。

股市运行的几个阶段：拉升，拉升以后开始调整，调整后再拉升，

升到顶部开始掉头回落，回落之后是反弹，反弹不再突破或者突破立即下跌，然后就是下跌，这个就是一个循环往复的过程。

因此我们首先弄清楚自己是处在哪个阶段，才能在不同的阶段使用不同的操作策略，但是具体个股的操作要比看大盘走势复杂很多，那么在关注大盘走势的同时，具体个股该如何操作呢？

当大盘经过一轮大级别的拉升后，出现调整很正常，这时对于买入操作来讲，最好是在调整的过程中选择放弃买入，虽说有的投资者认为调整买入是获利的好事，当大幅拉升后调整买入如果不是超级行情，如果调整后不再拉升而是下跌，那么亏损概率更大，所以谨慎起见还是要放弃买入为好。

对于持有来说，如果盈利很多，持有等待无妨，确认后再进行相应操作。

对于卖出来说，当然是先卖出，一方面落袋为安，先确定获利，另一方面要是调整结束再买进，可以买得更低，为什么不这么做呢？如果是终结避免利润大缩水当然是好事！

以上就是调整策略的方法，简单易学！

重点结语

短线控仓流程中，在建立控制仓位标准的同时，一定要设置好止损点并严格执行，根据实际情况做适当的策略调整。定期总结自己的操作策略，总结操作失败的教训和成功的经验，以便在下次操作时可以拥有更高的准确性而获利。

第二节　短线仓位控制的基本事项

一、注重成交量

大多数优秀的技术高手认为：一个投资者看图水平的高低主要体现在是不是在看 K 线的同时，还能兼顾并重视成交量。普通的分析者死盯着价格，而高手在关注价格的同时更加注重量能的实际数值。股市里有句老话说得好："技术指标千变万化，成交量才是实打实的买卖。"意思就是说成交量的大小，体现了市场上多空双方对市场某个时段的技术形态最终的认同状况。以下笔者就两种较为典型的情况简单地做如下分析：

1. 温和放量

温和放量是指一只个股的成交量在前期一段时间的低迷以后，忽然出现一个类似"山形"一样的连续温和放量的形态，这种放量形态，我们称为"量堆"。个股出现底部的"量堆"现象，通常说明有实力的资金在介入。不过这并不意味着投资者也要马上介入，通常股价在底部有了温和放量以后，股价会随量上升，量缩时股价会适量调整。这种调整并没有固定的时间模式，少了十来天多了几个月，因此这时候投资者一定要分批逢低买进，而且在支持买进的理由还不能被证明是错误的时候，一定要拿出足够的耐心去等待。需要注意的是，股价在温和放量上升以后，其调整幅度最好不要低于放量前期的低点，因为调整如果低过了主力建仓的成本区，至少说明市场的抛压还很大，那么后市调整的可能性就比较大了。

2. 突然放出巨量

对于这种走势的分析研判，要分几种不同的情况来相应对待。一一种情况是，上涨过程中突放巨量一般说明多方的力量已经使用殆尽，后市继续上涨将很困难。而下跌过程中的巨量一般多为空方力量的最后一次集中释放，那么后市继续深跌的可能性也比较小，短线的反弹可能就在眼前了。另一种情况是逆市放量，在市场到处喊空声的时候放量上攻，形成了非常突出的效果。此类个股常常只有一两天的行情，之后反而开始急剧下跌，将很多在放量上攻那天跟进的投资者被套牢。

还有一点投资者也要注意，主力资金在吸筹的时候，成交量并不一定很大，只要有足够耐心，多在底部盘整一段时间就可以了。而主力要出货的时候，因为手中筹码太多，总要想尽办法制造各种各样的陷阱。所以应该全方位长时间地考察该股的运行轨迹，关注它所处的价位、量能水平以及它的基本面两者之间的关系，搞清楚主力的活动规律和个股的后市潜力，要经过综合分析来确认我们介入或者出货的最佳时机。

而反映成交量的指标主要有以下四个：

（1）成交股数（VOL）这个指标大家应该比较熟悉。主要从形态上给我们一个直观的印象。它的常规技术手段就是放量、缩量以及背离等。而量价配合常识就是：如果量价都上升就表明是良性的，那么放量滞涨就是比较危险的信号了。

（2）对于价格波动比较大的庄股而言，使用成交金额（AMOUNT）这个指标远比用成交股数或换手率做分析来得更加通俗易懂。

（3）量比是一个横向的比较指标。它所体现的是当日即时成交额相比过去一段时间成交的活跃程度（比如现在是下午2点，量比是3，这个3是指就当前成交而言是过去一段时间同时间段里成交的3倍）。

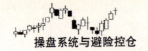
追涨的时候有个小技巧就是看看量比有没有大于 2。就是说假如当天的量能活跃度不是前几天（参数不同）的两倍以上的话，坚决不追，不要去追涨幅不超过 2% 的股票。

（4）大多数分析人士用换手率来统计主力的持仓状态。常规庄股（就非指标股来讲），通常 60 日换手 200% 表明主力明显介入或离场。相比之下量比比单日的换手技巧更加有效。有时换手每天都很大，但不代表当天有大的异动或气势的改变。一般来讲 3% 的换手率是很重要的分界线。日换手小于 3% 的话是属于冷清的当日阶段走势，大于 3% 的换手表明市场关注度增强较为明显，有可能是热点板块。大于 7% 的位置如果是技术高位，要当心主力趁乱逃跑。

二、关注大盘走势

股市风云瞬息万变，怎样才能在股市中生存并获利？作为一个严谨的股票投资者，应该从基础做起，尽己所能找出股票成长的共性，万不可抱有侥幸心理。所以在入市和出市之前，关注并分析大盘走势必不可少！

除去政策面只用技术面来说，大盘大概可以从以下这几方面入手分析。

1. 均线分析大盘

大盘 2010 年 6 月至 2011 年 1 月走势如图 4-1 所示。

分析大盘的走势最好方法之一就是 K 线指数，在众多股票技术分析工具里，K 线形态最能体现主控资金的操作心理，它是职业投资者进行潜力股套利与研判大盘转折最常使用的工具；如果大盘与个股出现一个长时间单边走势（可能是持续下跌、持续上涨或是持续横盘）后，所产生的一个或多个经典的 K 线组合就是波段操作的最重要信号提示。当大盘一直位于 5 日均线上下波动为大盘上升通道时，有效跌

图 4-1　上证指数 2010 年 6 月至 2011 年 1 月走势图

破 5 日均线，就说明趋势有变化，投资者应在之后冲高时减仓观察或是轻仓操作，以此来控制风险，因为资金安全才是第一位的。不过你要是较为积极的投资者，就可以按照 5 日均线走势做短线，只要幅度偏离 5 日均线不大就可以继续做多；买卖点把握甚至要结合 1 分钟、5 分钟、30 分钟 K 线走势。普通的投资者在现在的行情中还是等待 20 日均线的回归，毕竟安全第一。

2. 通道平行线分析大盘

上证指数 3067 点到现在如图 4-2 所示。

所有股票的上涨，全是由人群预期的集合效应的体现，同样，大盘也不例外。如果一个市场是有效的或者弱势有效的，那么市场外的任何公开的声音都会从股价（或者指数）里集中表现出来，原因就是人们对大盘预测的大致相同性，决定了股价（或者指数）近期所要形成的态势，抓住这个态势才能让投资者有机会调整仓位取得更大利益。

3. 大盘趋势的及时分析

每个散户都希望自己能及时地抓住短线大盘低点和高点，这样我

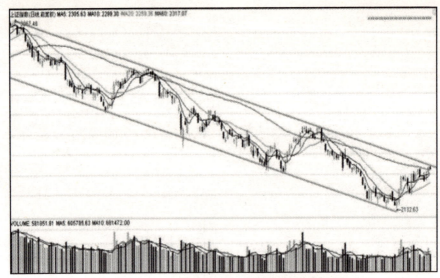

图4-2 上证指数3067点到现在走势图

们在把握个股买卖点的时候，就会避免很多系统性风险。这种分析方法很多，我们就选几个常用的分析方法介绍给大家。

（1）通过集合竞价看大盘。沪市的9：15~9：30为集合竞价时间，集合竞价的意义在于按供求关系校正股价，可以初步体现出价、量和大户进出的情况。集合竞价是一天中大盘走势的热身，量价关系的微妙变化主要体现大户的进出情况，是很有参考价值的。如果无量无价，沉稳的投资者还是以观望为主。

（2）通过修正期走势来看大盘。9：30~10：00为修正开盘。如果开出大高盘则有可能会有一定幅度的回落，开出大低盘则有可能会适度上调。此外，大盘得到修正再按照各自的走势运行。因为人为因素的拉抬和打压，开盘指数和股价都有一定的泡沫性，这时候进场风险很大，一定要等一等修正开盘，待盘面盲点解除后，才能看清大盘的真实情况。一旦开盘走势两极分化而迟迟看不到修正迹象，那么可立即确认大盘强弱和收盘涨跌走势。

（3）盘中利用分钟K线看大盘。从大盘的1、5、30分钟K线走势

和量的变化上看短线大盘，利用分钟 K 线炒短线的时候会有意想不到的收获。对于那些喜欢做"T+0"操作的朋友来说，这更是不可缺少的工具。为了提升使用这个方法看大盘的准确性，我们通常还要注意权重股和板块动向，结合一些政策面、消息面的知识。图 4-3 为大盘 2012 年 2 月 2 日下午 2 点 26 分的一分钟量价走势图。

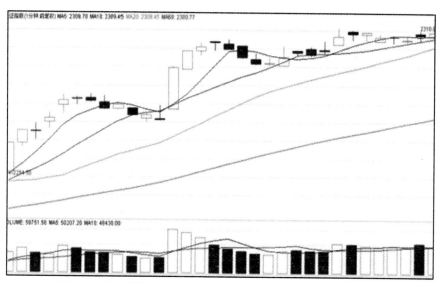

图 4-3　上证指数 2012 年 2 月 2 日 14：26 的一分钟量价走势图

2012 年 2 月 2 日大盘最后 30 分钟的 1 分钟 K 线走出了量价配合的多方占优走势，后市短线看多。

（4）对大盘进行及时地多空分析。深沪市每交易日时间为 4 小时，除去前后各半小时为开盘、尾盘的时间，剩下的 3 小时都是盘中时间。在这 3 小时中，多空双方往往会展开一些争夺，分析双方力量对比，是明智的选择。指数、股价波动的频率越高，说明多空双方搏斗得越是激烈。如果是指数和股价处于长时间平行状态，就说明多空双方已经无心恋战，退出观望了。多空双方博弈的成败除去依靠自己本身的实力之外，还要顾及消息及人气这两大因素。经过双方激烈的争斗，相持不下的僵局必将会被打破，而大盘走势也会随之倾斜，一般这个

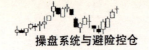

时候就是进出的最佳时机。

三、关注题材

1. 什么是题材股

题材股就是指有炒作题材的股票。一般是指因为一些突发事件、重大事件或特有现象而使部分个股具有一些共同的特征（题材），这些题材为炒作者所用，借题发挥，以此引起市场大众跟风现象。比如：能源紧张了，一些酒精生产企业、从事太阳能电池生产的企业就会变成炒作题材，称为新能源概念股；外资进入股市了，又出现外资收购概念股；北京申奥成功，奥运概念股马上就出现了。不管什么，所有能够引起市场兴趣的话题都是炒作题材，与其相关的股票就是题材股。

2. 新颖题材无可替代的重要性

市场需要题材，但并不是随便什么题材都能经得起市场的推敲。

在股市的风风雨雨里，也有过许多题材的庄家股（包括外资概念股、高净资产概念股、地域板块概念股等）不断出现，但只不过是昙花一现。有的上市公司和某某国合资开发新产品，有的上市公司股本结构进行调整这些所谓题材最终并没有改变它们的运行轨迹，也可以说匮乏的题材本身有其缺陷性。再来看一下由"金桥"开创的浦东概念股。代表上海未来的新上海概念股风靡一时，这不是侥幸，它之所以会这么深入人心，是因为它代表了国家的一种潮流，是经得起市场推敲的。

因此我们说题材的号召力有着极其重要的作用，号召力的实质是题材本身的想象力和理论上的周期跨度。前者符合市场意愿，后者配合主力行动，缺一不可，因此才会凝成大题材、大文章。所以说新颖题材是催化剂，是可以改变股市运行轨迹的。

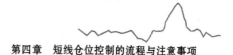

3. 新颖题材的基本特征

题材股的一大特征就是抽象朦胧：往往题材股起初是抽象、朦胧的，似明非明，时刻吸引着股民们的注意力。等你把这类题材股完全看清楚了，也就到了炒作的尾声了。

从 K 线图上看：

极大的想象空间：给人以非常大的想象空间，对后势发展充满希望。

阶段、时效性强：题材股是一个阶段所发生的，时效性强，也就是人们常说的"过期不候"，而它的持续性就比较弱。

有反复性：按概率论与循环论来讲，这一类的题材股到第二年同时段可能还会发生，因为有一些题材股是具有反复性的。

主力和众人关注度：题材可以激发人气，继而利用人们的从众心理引起大规模跟风。

4. 掌握题材股的五个方法

炒作题材股主要以游资为主。在大盘不济、蓝筹股普遍休息的时候，如果散户以部分资金入市展开激进操作，可跟进题材股享受坐轿的快乐，行家们根据经验总结出以下五种方法：

（1）观察大盘形势，看看是否适合炒股。如果大盘正在急速下跌，即便有那么一少部分的股票逆势上扬，不要管它题材有多好，也不要去虎口夺食，这样做成功率低还不如不去做。只有在大盘已经企稳并且在上涨过程中，才是持有题材股的好时机。

（2）从涨幅排行榜与消息面中挖掘题材股。题材股通常有爆发快冷却也快的特点，往往只上涨四五天，如果错过头两天的行情才跟进，被套的可能性很高。所以，天天关注盘面，从涨幅排行榜中发现群体出现的个股，早些跟进，是投资取胜的关键。

（3）分析题材是否有潜力。如果同时出现农业、新能源、地域板

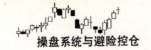

块几类题材股，投资者要掂量一下哪类题材爆发力更强，行情更持久。个股不同，即使是在同一题材里也会有强弱之分。这就需要投资者具备敏锐的感知能力和相对广泛的知识。要是把握不了，可以询问专业分析师，听取一下他们的看法，而重组题材的爆发力最强，其中伴随的风险也很大。往往是市场中有消息说哪家公司重组，而股价在之后几天忽然涨停，惹得各路投资者后悔不已，但"澄清公告"具有的杀伤力却被很多人忽略。比如有些投资者听信了重组传闻，然后激进跟入，有的第二天可能就会因重组传闻落空、股价暴跌而深套其中，起码暂时失去了翻身的机会。所以相较之下，区域概念、低碳经济这些概念，比重组传闻要靠谱些。

（4）题材股选准了依然要合理定位。不要对股价抱过高的预期，更忌讳长期持有。我们观察到，大多数题材股的股价在抵达巅峰之后，都会进入漫漫熊途，成为很多抢反弹者的陷阱。长期持股只会把到手的利润重新还给市场。

（5）警惕行情切换。在题材股横行的时候，被称为"八二行情"，这个"八"代表数量居多的中小盘股，"二"则是数量比较少的大盘股。在"八二行情"中，虽然股指不涨或是涨幅不大，不过下跌个股却比上涨个股数量少。这种题材股的好事不会一直保持。根据占豪先生在《黄金游戏》一书中的总结，以下现象一旦出现，就代表题材股的行情即将结束——从中小盘股身上赚钱变得越来越难，涨幅榜前列逐渐被大盘蓝筹股所占据；在大盘指数上涨的同一时间，沪深股市中上涨家数却没有下跌家数多；大盘在上涨但是很多中小盘股票却在下跌；关注 ETF 基金，持续多天上证 50ETF 的涨幅比中小板 ETF 高；"价值投资"的观念开始在市场中风行。假如以上特征目前市场都符合，市场所说的"二八行情"，就算少部分大市值股票上涨但是大部分小市值股票下跌，也要坚决从题材股出场。

四、关注股市陷阱

在股票投资的实际操作中，股市里的风险除了客观因素造成的以外，还有一种是人为制造的风险，这便是庄家大户为中、小散户挖掘的陷阱。

一般而言，中小散户资金上的实力十分有限，力量薄弱，在股市上难以形成气候。而大户却可凭借自己手中雄厚的资金实力，呼风唤雨、推波助澜，可以制造一些股市陷阱，专等中小散户上当，以牟取高额利润。

庄家大户挖掘陷阱的手法一般有：

（1）制造谣言。故意制造谣言是庄家大户最常用的一种方法之一，它既简单又省事，又不容易被人抓住把柄。在股市中，庄家大户故意散布一些无中生有的谣言，以影响中、小散户的购买意向。如果是在股市的顶部区域，庄家大户就会经常制造一些利空消息，以此来打压股指；在牛市初期的时候，庄家大户又会经常性地散布一些利多消息，以此来吸引中小散户跟进。

在我国股市里消息特征较为明显，因此作为散户股民去关注股市里的各种消息就尤为重要。不过，让很多人意想不到的是，不管是真消息还是假消息，也无论是利好消息还是利空消息，都可能成为坑人的陷阱，利好消息有可能是出货的掩护，利空消息也可能是震仓的阴谋。对于股市里各种真真假假的消息，虚虚实实的传闻，散户操作者一定要多长个心眼，谨慎再谨慎。

①为什么消息陷阱如此横行？

其一，散户都适应了"炒朦胧"，但凡有消息，就参与炒作，以为在听到消息时买进，在消息公布后卖出，肯定会有差价。

其二，市场上传出的很多利好消息都是真实的，散户投资者对假

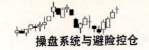

消息的警惕性还不高，就算散户确定信息是从庄家那里传出来的，也会觉得这只不过是庄家想吸引跟风盘而已，所以，就相信了这消息的真实性，这主要是因为股市的信息披露不公开、不及时，才由信息灵通人士传出来。

其三，散户对待消息就像对待什么时间卖出股票一样，幻想在头部真正形成时再卖股票，可以取得相对高的收益，如果在消息被事实否认时斩仓，损失也不会太大。而一旦被证实，则收益要远远高于风险。所以，投资者们四处打探各种消息，不管三七二十一，拾到篮子里都是菜。

②如何应对消息陷阱。

股市中的信息都不是绝对公开的。散户投资者要学会怎样正确对待消息，甄别虚假消息，以便在实战中保全自己，既不能落入"消息陷阱"又能乘机获利。

首先，消息出现的时候看股价处于哪里，是低位、中位还是高位。要是股价处于底部，那么很有可能是庄家保密不严而走漏了消息。股价如果已然大幅上升，又成为了配合庄家出货流传的假消息，那么在判断的时候就可以参考成交量的变化和股价在每个位置的形态演变。

其次，可从各个不同渠道去证实消息的正确性。各种渠道同时被利用的概率较小。假如来自不同的渠道都不约而同地传递着大致相似的信息，一般而言这样的消息的可信度是较高的。假如有些消息是源自于基本面，那么可以在权威的新闻媒体上求证。这种消息出现时，可以从近期的《人民日报》、《经济日报》、《经济参考》、《中国证券报》等这些媒体上寻找线索得出结论，以此来减少投资的盲目性，也可以直接从互联网上查询消息的来源。

最后，接收到消息买进，待消息证实时卖出，"以快制胜"是股票炒作的原则。

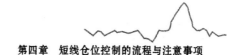

当散户一时没办法确认传言的真假性时，可在市场刚传出此类消息时就马上少量买入，并时刻关注。一出现拉高放量出货的痕迹，不管有没有获利，都应该马上平仓，消息证实时就算是被浅套，也要忍痛割肉。

（2）内幕交易。上市公司的经管人员利用职务之便或是券商利用职业之便，进行不合法的股票交易来牟取暴利就是内幕交易。内幕交易行为人为达到获利或避损的目的，利用其特殊地位或机会获取内幕信息进行股票交易，违反了股票市场"公开、公平、公正"的原则，侵犯了投资公众的平等知情权和财产权益。

（3）囤积居奇。囤积居奇是指庄家大户凭着自己手中的巨额资金大批套购股票，并以此为理由，要求参加上市公司的经营管理或干脆吞并上市公司，要挟上市公司以高价收回，借此赚一笔横财。

（4）瞒天过海，是指某个庄家大户使用不同的身份开设两个以上的账户，或某一个集团利用分公司的账户，以互相冲销转账的方式，反复地做价，开销少量的手续费和交易税，以此来操纵股价。

（5）抛砖引玉。是指庄家大户一直以小额买卖，以"高进低出"或"低进高出"的手法，以此来达到打压股价或是哄抬股价的目的。当以小额资金抬高股价后，庄家大户就会趁中小散户跟风的机会，全盘抛出，从而获取暴利；反之，当以少量股票打压股价后，就会大量买入。

散户规避股市陷阱的方法有两种，其一是远远躲开，在股市投资中坚持自己的原则和策略，不为股价的涨涨跌跌所动，也不被谣言所迷惑，股价到达了自己的预期就抛，降到了投资价值区域就吸，按自己的套路走，不要理会庄家大户是抛了还是吸了。其二是搭船过河、过河拆桥，利用庄家大户的造势，从中捞一把。不过一般这种方法的风险比较大，操作时不太好把握分寸，所以要警惕赔了夫人又折兵。

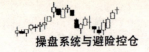

重点结语

短线仓位控制的基本事项中，第一要领就是要设置好止盈位，见好就收，不要过于贪婪，认为可以赌一把，要始终相信自己的止盈位。同时关注题材，注意分辨股市陷阱，避免被套。

第五章 短线解套的仓位控制方法

第一节 主动性和被动性的解套方法

一、主动性解套方法

很多股票的股价被拦腰一截，令追高股民被套牢其中。不过先奉劝投资者们不要因一时的套牢而六神无主。股票被套的原因主要有主观和客观两方面，投资者完全可以根据大盘趋势与个股基本面的状况来捋顺思路，把握机会帮助自己解脱。采取主动性和被动性两种方法解套。

可以这么说，几乎每个进入股市的投资者都有过被套牢的经历，这是每个人都不想提及却又让人无法回避的问题。它也是每个投资者走上成熟道路的一道门槛。既然回避不了就要拿出直面它的勇气，寻找一个适合自己的解决方法。

解套主要分为主动性解套与被动性解套两种策略。以下是主动性解套操作策略。

（1）斩仓：如果可以确定大盘处于阶段性底部，那么就可以趁强

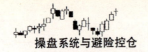

劲反弹的时候，对所持有的股价透支的或者有问题的股票，拿出勇气斩仓出局。不存侥幸心理，才能丢车保帅。只要能保证资金不受大的损失，股市中永远有无数的机会可以再赚回来。

（2）换股：如果手中所持有的股被套牢后处于弱势状态，依然有下跌的可能时，要能准确地判断另一只股的后市上涨空间大，其走势一定会比自己手中的品种强，那就果断换股，用新买品种的盈利来弥补前者的亏损。换股属于主动性解套策略，如果运用得好，就可以降低成本并提升解套的机会。同时换股也是一种高风险的解套方法，一旦操作失败就是赔了夫人又折兵。因此，投资者在换股的时候要谨慎再谨慎，在实际操作中要拿捏住换股的规律。

（3）做空：可能有人会觉得中国股市没有做空机制，不可以做空，这种认为是错误的，被套的股就可以做空。当你察觉自己已经被深度套牢不能斩仓，又可以确认后市大盘或个股仍有进一步深跌的时候，就可以利用做空方式把套牢股先卖出，待到更低的位置时再买入，这样一来就可以降低成本了。

（4）盘中"T+0"按照现有制度是不能做"T+0"的，不过被套的股却拥有这个先决条件，可以充分地加以运用。平常对该股的各方面多加关注，一旦有什么风吹草动，就进去捞一把，当前佣金下调，成本仅几分钱，进出非常方便。

二、被动性解套方法

如何进行被动性解套：

（1）摊平：当买入的价位不高，或对将来的大盘坚定看好时，可以选用摊平的技巧。普通投资者的资金通常只能经得起一两次摊平，所以，最重要的是摊平的时机一定要选择好。条件允许的话，对质地不错或被错杀，后市仍具大幅反弹空间的股票，可采取"金字塔"式

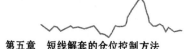

的买卖法，也就是越跌越买而且随着跌幅增大而越买越多，用以摊薄持股的成本；反弹向上时，越涨越卖，越卖越多，就可以很快解套，甚至还能获利。

（2）波段操作。首先要知道大盘向上运动的趋势究竟是反弹还是反转，假如是下跌中的中继反弹，就要踏准节奏高抛低吸地进行波段操作，把自己的损失尽快地弥补回来，将损失减少到最低。

（3）坐等：当已经被深度套牢，而且还是满仓，既不能割肉也没有能力补仓的时候，就只能用这种等待的方式。只要是自己的钱，只要不是借的，贷的，就不要怕等。我身边也确实有这样的散户朋友就是这样做的，一只股票拿在手里，比主力持股时间还长，少则一两年，多则两三年。

坐等的解套策略也许是最好的解套策略，重要的是对自己心态上的把握。套牢后，首先不要惊慌失措，要冷静地思考有没有做错，错在哪里，采用何种方式应变。万不可情绪化地破罐破摔或是草率补仓，再或者盲目轻易地割肉这种胡乱操作。套牢并不可怕，杨百万曾说过："有时候不套不赚钱，套住了反而赚大钱。"因此，不要一味地把套牢当作是一种灾难，如果应对得好，它完全可以成就一种机遇。

三、主动性解套案例分析

怎样面对被套的残酷现实，首先关键是要做出决断，"当断不断，反受其乱"！被套了，怎么办？对我们这些散户投资者，甚至有很多拿出了全部家当的投资者来说，更要当机立断解套。解套操作谁也靠不了，只能靠自己救自己。

下面我们就以一个真实案例为例，对这一被套的案例予以主动性解套的方式分析。

一位投资者在 2009 年 8 月 4 日沪证指数正好上升在 3478 点的时

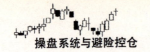

候，开始介入 600162 "香江控股" 的 "T+0" 炒作。当时股价建仓买入价 9.63 元，之后股指虽已经开始下滑。至 8 月 12 日该股民又以 9.47 元股价 "低吸" 持有同股同数，却没有料到当天 "最低价" 一路下跌至 9.21 元，到收盘的时候也不过只有 9.25 元，就这样满仓持有两份同股同数。直至 8 月 17 日遭遇了沪证股指暴跌至 2870 点，当天 600162 股价以 7.77 元跌停板报收为止。此时，按照 600162 "香江控股" 本案例计算：

（1）8 月 4 日建仓 9.63 元买入，8 月 12 日又补仓 9.47 元买入，二次买入后的满仓持股成本为（9.63 + 9.47）÷ 2 = 9.55 元/股。

（2）到 8 月 17 日以 7.77 元跌停板报收为止，满仓持股成本共亏损 9.55 – 7.77 = 1.78 元/股。

紧随其后从 8 月 18 日起开始按照主动性解套操作：

①8 月 18 日 600162 "香江控股" 的 "最高价" 7.90 元，"最低价" 7.51 元，"收盘价" 7.70 元。

如果当天在 7.85 元将全部满仓 "高抛" 斩仓，当天在 7.55 元的时候以 50% 仓位 "低吸" 重新买入，也可以说这是换股，只不过我们现在换的是同一股，当日盈利 7.85 – 7.77 = 0.08 元，这个时候就相当于把 9.55 元的成本降低为 9.55 – 0.08 = 9.47 元。

②8 月 19 日 600162 "香江控股" 的 "最高价" 7.81 元，"最低价" 6.93 元，"收盘价" 6.99 元。

如果当天在 7.77 元的时候把前一天 50% 仓位全部 "高抛" 出去，再在当天 6.97 元时以 50% 仓位 "低吸" 重新买进，当日盈利 7.77 – 6.97 = 0.80 元，这个时候就相当于把 9.47 元的成本降低成为 9.47 – 0.80 = 8.67 元。

（3）8 月 20 日 600162 "香江控股" 的 "最高价" 7.28 元，"最低价" 6.88 元，"收盘价" 7.26 元。

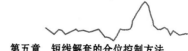

如果当天在 7.25 元的时候把前一天 50%仓位全部"高抛"出去，当天在 6.95 元再以 50%的仓位"低吸"重新买进，当日盈利 7.25 − 6.95 = 0.30 元，这个时候就相当于把原来 8.67 元的成本降低为 8.67 − 0.30 = 8.37 元。

（4）8 月 21 日 600162"香江控股"的"最高价"7.48 元，"最低价"7.16 元，"收盘价"7.42 元。

如果当天在 7.42 元的时候把前一天 50%仓位全部"高抛"出去，当天在 7.22 元再以 50%的仓位"低吸"重新买进，当日盈利 7.42 − 7.22 = 0.20 元，这个时候就相当于把原来 8.37 元的成本降低为 8.37 − 0.20 = 8.17 元。

（5）8 月 24 日 600162"香江控股"的"最高价"7.55 元，"最低价"7.32 元，"收盘价"7.43 元。

如果当天在 7.50 元的时候把前一天 50%仓位全部"高抛"出去，当天在 7.35 元再以 50%的仓位"低吸"重新买入，当日盈利 7.50 − 7.35 = 0.15 元，这个时候就相当于把 8.17 元的成本降低为 8.17 − 0.15 = 8.02 元。

（6）8 月 25 日 600162"香江控股"的"最高价"7.40 元，"最低价"6.69 元，"收盘价"7.00 元。

如果当天在 7.30 元的时候把前一天 50%的仓位全部"高抛"出去，当天在 6.80 元再以 50%的仓位"低吸"重新买进，当日盈利 7.30 − 6.80 = 0.50 元，这个时候就相当于把原来 8.02 元的成本降低为 8.02 − 0.50 = 7.52 元。

（7）8 月 26 日 600162"香江控股"的"最高价"7.45 元，"最低价"6.86 元，"收盘价"7.33 元。

如果当天在 7.35 元把前一天 50%的仓位全部"高抛"出去，当天在 6.95 元以 50%的仓位"低吸"重新买进，当日盈利 7.35 − 6.95 =

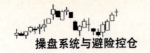
0.40 元，这个时候把原来 7.52 元的成本降低为 7.52 − 0.40 = 7.12 元。

现在为止，经过以上 7 天的炒作，按第七天当天的"收盘价"7.33 元来计算，已全部解套。随后继续炒作将转入盈利阶段……

（注：为更清楚地剖析，以上计算均未含交易成本。）

四、被动性解套案例分析

再举个被动性解套的例子。

翟先生在 2002 年 6 月 24 日的井喷行情时追入丹东化纤，当时入手价是 7.05 元。不料买入后此股价却沿着笔直的下降通道运行，5 个月后该股跌至 4.3 元一带构筑三重底。专业操盘手建议他补仓操作，但是他却无能为力。原因是他不仅用了自己所有的资金全仓买进，还借了别人的 20 万元资金，全部套牢在丹东化纤上，这时候既不能割，也无力补仓了。又了解到他的借款期限只有一年这一特殊情况，专业人士研究该股的市场情况后给他建议——必须保证资金长久性的前提下，采用守株待兔（坐等）的解套策略，除此之外别无他法。

又过了几个月，翟先生把住房抵押贷款，还掉别人的资金之后一直持有丹东化纤没有动。而该股走势一直没有大波动，基本上都是在几角钱的价格间游荡，直到 2003 年 10 月，该股一轮急跌，最低到达 3.52 元的低价。翟先生几乎要绝望地割肉了，他说："我为了这匹'死马'，赔光了所有的现金，现在总不能将房子也赔掉吧。"但由于专业人士一再建议他坚持，他最终听取意见没有割肉卖出。

在 2004 年上半年，大盘出现一轮中级行情，"死马"开始慢慢复活，翟先生在专业人士指导下，在股价为 6.97 元时将丹东化纤全盘抛出，虽然没有能实现保本解套，但是却挽回了绝大部分的损失。

坐等解套策略是一种被动性消极等待的方法，当投资者已经满仓被深度套牢，不敢割肉，也没能力补仓时，通常可以采用这种方法。

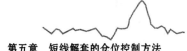
而这种方法的前提条件是要输得起时间，要是资金完全是自己的，没有借贷。没有太大的机会成本，就可以通过时间来消化股市风险。

坐等被动性解套策略的核心应用原则就是耐心与信心，信心源自于对手中被套股票的认真研究与分析，只有认清持有股票的内在价值，才可以坚定持股的信心。但有了信心还需要有耐心，通常情况下一轮大的熊市调整周期持续的时间会很长，下跌幅度可能会很大，使投资者感觉牛市的来临遥遥无期，解套无望。投资者在这个时候往往更需要有耐心，万不可在股市的低谷中再"割肉"出局。

坐等被动性解套策略更适用于熊市后期。这个时候股价已经接近底部，盲目做空和止损都不是明智的选择，只会带来不必要的风险或损失，而耐心坐等的结果一定是收益比风险大。

重点结语

在当今不容乐观的股市行情中，解套与仓位控制相同，都是确保投资者资金安全和利益的看家本领。了解主动与被动性解套的方法是十分必要的。

第二节　补仓解套和心理解套的方法

一、怎样进行补仓解套

李先生在 2004 年买入六国化工，入手时价格是 8.46 元，持有后没多久，该股就随着大盘一起下滑，最低的时候曾跌到 5.36 元，随即出现反弹行情，并很快上涨到 7 元。李先生懊悔不已，心想要是在 5

元多补仓摊薄成本就能够解套成功。他仔细研究了该股的基本面情况，还是比较看好六国化工未来的发展前景，认为目前的价位不高，可以考虑补仓。因此他决定该股每下跌10%的时候就入手一批。

但是他的一位朋友却不赞成他采用这种方法，他认为：补仓仅适用于在市场趋势真正见底后使用，千万不能过早地在下跌趋势中补仓，以免解套不成，反而加重资金负担。而且普通投资者的资金有限，常常经不起太多次摊薄操作，所以说补仓的时机就尤为重要，必须要选择好，要确保一次性补仓成功。李先生听取了这位朋友的建议开始耐心等待时机。

2005年初，该股又一次跌到5元多，当六国化工构筑小型三重底，并即将突破颈线时，李先生开始实施补仓操作。在2005年4月份该股上冲至7.5元的时候，李先生全盘抛出，他不仅顺利实现解套，还获取了一定的投资收益。

在各种解套策略中，其实笔者最不看好的就是补仓操作，所以在熊市中补仓，很可能会导致投资者越套越深。不过，任何策略都有它自己的适用范围，在特定的条件下，补仓一样可以起到解套的作用。如果投资者买进的价位不高，该股做空的力量已匮乏，或者对该股将来的走势绝对看好的时候，就可以采用补仓的技巧。

而补仓应该遵循"不低不补"的原则。原因是在运用补仓策略的时候，最可能出现的错误就是在股价还没有跌至谷底就着急补仓，以致出现越补仓套越深的后果。所以，补仓的时候最强调的就是低位补仓。假如投资者无法确定股价是不是到底时，就应该考虑采用"坐等"的策略了。

二、心理解套的方法

投资者在交易的过程中，刚开始赚钱的时候心里比较开心也比较

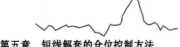

平静，但是赔钱的时候却记忆深刻，当我们持有一只股票，如果发现它并没有像我们预期的那样发展，而是一路下滑，其实这时候的理性行为应该是止损，但是我们却常常会由于损失而痛苦不甘，因此常常到最后选择的却是观望等待，结果就变成了深套。

损失或赌一把？

（1）假如你选择卖出就等于确定损失 500 元的局面。

（2）你也可以选择赌一把，因为第二天也可能有利好消息出现，如果赌赢了就可以不赔钱了，但是输了的话就要损失更多的 800 元，你会怎样选择呢？

再者如果你买入的股票与你的预期一样很快地上涨了，目前已盈利 500 元，选择获利了结就变成了钞票，如果继续持有有可能会赚 800 元，但万一回调你就什么也得不到，你是选择已经到手的 500 元，还是赌一把？

很多投资者的选择，赔钱的时候选择赌一把也称为风险偏好者，赚钱的时候选择落袋为安，也称为风险厌恶者。赔钱的时候我们是风险偏好者，想去赌一次，可是赚钱的时候我们又是风险厌恶者，生怕煮熟的鸭子飞了赚一点小钱就跑。

在交易的市场里赔钱是十分常见的事，我们天生的思维模式和市场盈利模式是恰恰相反的。所以保持一个好的心态至关重要，盈利了不浮躁，赔钱了，沉着应对，最重要的不是输赢，而是解除自己对内心的束缚，胆怯和贪婪，拥有一颗平常心才能更好地生存。

重点结语

投资者除了学会主动、被动性和补仓解套的方法外，最重要的还是解放自己的内心。保持一颗平常心更有利于股市操作。

第三节　避免被套的方法

在这里，我们把"逃顶"的含义诠释如下：一是在持币时回避形成顶部的股票；二是持股的时候，从形成顶部的股票中离开，假如这两点都能够做到，那么大部分的风险你都可以控制住。

如何逃顶：

（1）第一，预判大盘走向，如果想知道整个市场是否有操作可行性，投资者首先需要判断大盘的趋势，对大盘做出正确预判，以此来决定是进行高抛低吸或是什么其他的操作，假如大盘整体是在牛市多头趋势之中，那就可以相对放心地去操作与投机；反之，大盘如果处于熊市的空头趋势行情中，就要谨慎小心了。第二，对个股趋势的判断，对于个股操作的可行性以及该怎样操作进行分析；在市场上投资，最终获利还是依靠对个股的操作。

（2）依据市场基本面和资金面来判断未来股市行情，预测涨幅，从中制作一个对的投资策略，在一个波段中，投资者务必要预判个股涨幅。假如涨幅在短期内已经很大，并且出现了明显的异常放量，那么已经不适宜追高；假如在较低位置介入，短期已经快速拉升，涨幅巨大，就该获利出局，将账面利润化为实际利润。在判断涨幅方面，投资者要着重分清楚下面三种不同类型的个股和它们不同的运作模式。

①牛市龙板块龙头股。一般这些股票在牛市中启动都比较早，涨幅也最大，它的特点就是操盘手法较为凌厉，领先于大盘的涨幅。这类股一般会率先突破历史股价，由于上方根本没有技术性压力，因此

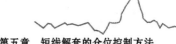

只要趋势向好就有可能涨幅翻倍。如遇此种股票，投资者要拿出更长远的眼光来对待。不要急于出货。进行这类股票的操作时一定要准确判断大盘的大趋势和个股的大趋势，要是可以突破技术上的重要点位，它的涨幅可以使你的获利翻倍。

②蓝筹股。蓝筹股是牛市行情的中坚，尤其是那些对指数有较大影响的蓝筹股，它们就是市场的风向标，所以，它对稳定市场的作用十分重要。在蓝筹股里，投资者会发现一线蓝筹股相对二线蓝筹股的总股本要小，这也是更好操作的原因。

③纯概念股。概念股分为实概念股和虚概念股。不过不管是实的还是虚的概念都是拿来炒作的，一般纯概念股波动性非常大，拉升迅速，然后再迅速出货，如果可以抓住这种股票的机会就会很快获利，不过它属于最容易被套牢的那种股票，遇到这种股票，投资者一定不要太过贪婪以免被套。

（3）发现空头信号。市场在运行过程中，尤其是经过一轮较大涨幅之后的个股，一般会在出现真正的暴跌以前发出明显的空头信号。不一样的是，拉升迅速的个股空头信号出现的时间较短，然后开始转入下跌行情，而那些一波趋势运行时间较长的个股一般会有充足的时间逃离，这是由资金介入深度和资金类型所决定的，大资金比小资金持续的时间久。

重点结语

每个投资者在进入股票市场的时候都希望自己可以不停地抄底和逃顶，其实，在股票市场投资时，投资者不应该一味地只追求抄底和逃顶，而应该去思考该怎样提高自己对市场的判断力，尽量在趋势中得到更多的利润，同时控制好风险。

第四节　利用被套股票获利

如何利用被套股票获利：

利用被套股票获利主要有两种操作技巧：顺向的"T+0"操作以及反向的趋势操作方法。

1. 顺向 "T+0" 的操作技巧

从 1995 年我国股市实施"T+1"的交易制度后，投资者已不可以再采取"T+0"的操作方法，不过如果手里还持有被套的股票，那么依然能够变相地使用这种交易方式。具体方法是：先买入与被套个股同等数量的股票后，当日就把原来被套的股卖出，因为在获取当天股票差价利润的同时，前后的持股数没什么变化，等于完成了一次盘中"T+0"操作。此种操作方法通过经常性地获取短线盈利来最终达到降低持仓成本的目的。

顺向的"T+0"操作具有相对的风险和操作难度，是一种超短线的操作方法，应用的时候要掌握它的操作原则：

（1）进行"T+0"操作一定要把操作基础建立在对个股的长期观察与多次模拟操作上，已经十分熟悉个股股性与市场规律。

（2）进行"T+0"操作还要求投资者一定有随时看盘的时间与条件。还要求投资者具备一定的短线操作经验和迅速的盘中应变能力。

（3）在进行"T+0"操作时一定要迅速，不仅分析要快，决策要快，还要下单要快，跑道要快。

（4）在"T+0"操作时不要贪婪，一旦有所获利，或股价上行遇到阻力，应该马上获利离场。其操作事先并不制订盈利目标，只是以取

得盘中震荡差价利润为目的的操作。

2. 逆向"T+0"的操作技巧

和顺向"T+0"的操作技巧十分相似，都是利用手中的原有筹码实现盘中交易，它们两者唯一的不一样就在于：顺向"T+0"操作是先买后卖，而逆向"T+0"操作则是先卖后买。当大盘与股票都处于下跌行情中时，如果投资人只采用先低买，等高涨了再卖出的操作方式，不但不容易获利，还有可能遭遇被套的危险；实际上，这时候应采取顺应市场趋势的操作方式，反向趋势操作。先把手中持有的被套股票趁反弹逢高时卖出，待到股价回落再寻找时机买入。

顺向"T+0"的操作要求投资者一定要手持一部分现金，一旦投资者被满仓套牢，还可以再进行交易弥补；而逆向"T+0"的操作就不需要投资者还持有现金，就算投资者满仓被套也还能进行交易。逆向"T+0"的操作方法如下：

（1）如果投资者持有相对数量的被套股票。某天突然受到利好消息的影响，该股股价开始大幅高开或者迅速拉升，可以利用这个机会，先把手中被套的股票抛出，待股价结束快速上涨并出现回落之后，再把原来抛出的同一品种股票全部买入，从而在一个交易日内实现高卖低买，来获取差价利润。

（2）当投资者持有一定数量被套股票后，假如该股没有出现由于利好而拉升的走势，但当该股在盘中表现出明显下跌趋势时，可以利用这个机会先把手中被套的股票抛出，之后在较低的价位买进同等数量的同一股票，从而在一个交易日内实现平卖低买，来获取差价利润。这种方法只适用于盘中短期依然有下跌趋势的个股。而对于还有较大的下跌空间，长期下跌趋势明显的个股，则还是以止损操作为首要选择。

（3）如果投资者手中的股票没有被套牢，而是已经获利的时候，

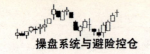

假如股价在行情中上升过于迅猛，也会招致出现正常的回落走势。投资者可以趁其上冲过急时，先抛出获利的股票，等待股价出现恢复性下跌时再买回。通过盘中"T+0"操作，力争取得最大的利润。

重点结语

相信很多投资者手中或多或少都持有一部分或曾持有过被套的股票，如果巧妙操作被套牢的股票同样能够获利，所以说任何事都是祸福相依的。

第六章　中长线的控仓技巧

第一节　中长线：仓位控制技巧

一、中长线持仓的比例和结构

在市场行情处于疲弱态势中，针对中长线投资者的仓位分配，必须注意以下几个要点：

1. 中长线的持仓比例

弱市行情中，可以想象我们要对持仓的比例进行适当压缩，尤其是一些仓位较重的甚至是满仓的投资者，要抓住大盘下滑途中反弹的短暂机会，把一部分浅套的个股适当卖出清仓。原因是在大盘持续地破位下跌中，仓位过重的投资者，其资产净值损失必将大于仓位较轻投资者的净值损失。股市的非理性暴跌也会对满仓的投资者构成强大的心理压力，从而影响到投资者准确操盘，而且由于在熊市中不确定的因素太多，在大盘发展趋势未明显转好前也不适宜满仓或重仓。因此，对于部分目前浅套并且后市没什么上升空间的个股，一定要坚决卖出。后备资金只有在保持充足的情况下，才可以在熊市中自如地应

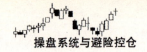

对危机。

2. 仓位结构

当股市进入熊市时期，大盘与个股纷纷表演"高台跳水"的时候，提醒投资者千万不要被股市这种"狰狞面目"吓到，在下跌市场中的非理性、连续性破位暴跌正是调整仓位结构和选强去弱的最佳时机，可以把一些发展空间较差的个股伺机逢高卖出，可以选择一些可能成为未来领头羊的个股逢低吸纳。千万不要忽视这样的操作方式，在未来，它将是投资者反败为胜的决定性因素。

二、弱市的分仓技巧

弱市中的仓位结构：

在市场趋势暧昧不清的时候，建议投资者绝对不要满仓操作。而同时，绝对空仓的操作行为更是不可取的。这里的关键就是要把握好仓位控制中分仓的技巧。

（1）根据资金实力的大小，资金多的可以适当分散投资；而资金较少的可以采用1/2仓位法（适合30万元以下资金）这种方法更适合较为激进的投资者，资金量小，进出方便，具体使用方法为：第一次建仓可占仓位的50%，涨跌可以25%为单位进行加仓减仓。

这种操作方法简单方便，获利方式较为直接，但由于此种方法较为激进，需要严格设定止损比例，建议为8%。

（2）当大盘处于熊市后期，大盘开始止跌趋稳并开始有趋势转好的信号时。对于战略性补仓或铲底型的买入操作，可以适当分散投资，分别在若干个未来最有可能演化成热点的板块中选股买入。分仓可采用4：3：3仓位法（适合100万元以内资金）这种方法进可攻退又可守，较为稳妥。具体操作方法是：第一次买进的比例为40%，之后涨跌均以30%为单位，进行减仓加仓。

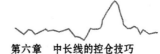

　　这个方法适合操作较为频繁的投资者，可进行循环交易，建仓完毕时筹码基本可占资金的 60%，获利方式稳健，建议止损价格为 12%。

　　（3）较大资金的分仓是 3∶3∶2∶2 仓位法（适合 100 万元以上资金）这个方法在操作时有一定难度，要求投资者有一定的操作技巧和适当耐心，每次建仓周期约为 3~10 个交易日，该方法虽然周期较长，不过它的安全系数最高，接近于低风险套利，适合大资金客户使用。

　　这个方法适合中短线建仓股票，分期分批多次建仓，高抛低吸，以达到稳健获利的目的。

　　（4）还有一种仓位分配的方法是可以根据选股的思路进行，如果是从投资价值方面选股，属于长期的战略性建仓的买入，可以运用分散投资策略。假如只是从投机的角度选股，用在短线波段操作或是针对被套牢个股的盘中"T+0"的超短线操作，那么分散投资的策略就不可取，而必须要集中兵力各个击破，认真做好一只股票。

　　上面叙述的 4 种分仓方法都是以 15% 为止盈点，达到 15% 后相应提高止损位，熊市以 8% 为止盈，5% 为止损，而且在操作时要坚决执行纪律，套牢就做中长线的这种想法不可取，这样对资金来说是一种浪费，也是投资者对自己投资决策失误的一种不愿负责的表现。

　　随着尾盘权重股的启动，大盘又一次被迅速拉升，但是大家手里的股票却明显感觉赚钱效应不如以前那么明显了，而这是个什么信号？如图 6-1 所示。

　　大盘已经穿越通道上轨，短期调整风险再次加剧，甚至会有权重股搭台掩护资金撤退的可能，所以近期的操作策略应该以逐渐减仓为主，待回调充分再次介入，千万不要盲目追高，要注意规避风险。

　　其实大盘指数对于我们投资者来说只是一个风向标，毕竟我们是在炒股票，不是在炒大盘，因此我们只需要以大盘走势为参考，将自己手中股票的节奏把握好就好了，那在这种环境下我们该怎样控制风

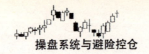
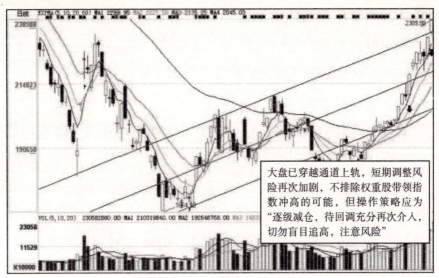

大盘已穿越通道上轨，短期调整风险再次加剧，不排除权重股带领指数冲高的可能，但操作策略应为"逐级减仓，待回调充分再次介入，切勿盲目追高，注意风险"

图 6-1   上证指数 000001

险，把前期利润抓住呢？最重要的一点还是要"严格止损，适当止盈"才是实现利益最大化的真理！

三、强市中如何分配仓位

1. 强市中该如何分配仓位

需要投资者必须注意的是，如果市场行情是处于强势上升期的时候，要求投资者必须掌握以下仓位控制的要点，以此来提高资金的安全性。简单来说主要有以下四点：

（1）投资者应该以 1/3 资金参与强势股的追涨炒作。

（2）以 1/3 资金参与潜力股的中长线稳健投资。

（3）留下 1/3 资金做后备资金，用以应付大盘出现异变。

（4）在强市中投入资金的比例最适宜控制在 70%以内，而且需随着股价的持续攀升进行适当的变现操作。

在操盘中有很多因素是能够影响投资结果的，就长线和短线（波段）不同的投资方式而言，侧重点就会不一样，做好长线最关键的是

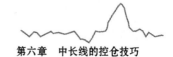

选择个股（上市公司）的基本面与可持续发展力，另外就是看你持股的恒心和耐心了。而短线（波段）操作，虽同样也需关注上市公司的基本面，不过短线还是最侧重于技术面。

2. 强市中的仓位控制技巧

其实在股市中真正可以影响到投资思维的就是你自己的仓位情况。因此优秀的操盘手在投资过程中都十分重视仓位的控制。在强市中中长线的仓位控制技巧主要是：

不管你多看好某只股票，都绝对不可一次性地满仓买入！市场中充满着各种不确定因素，而应当以部分适当的资金先进行早期建仓，当确定自己研判正确的时候再不断顺势增加买进。如果发现自己研判有误，就要立即果断出局。为了能够控制风险，处于盈利状态时，要依据原来制订的操作计划，逐渐地分期分批获利了结。若是处于亏损状态，而且能够确认趋势转弱的时候，要一次性清仓果断离场。以这种方式使自己在不利局面面前能够尽量少受损失甚至不受损失。

为了能达到上涨时手中有持股可以获利，下跌时有资金可以低买的效果，所以建议投资者每笔最大交易资金不要超出总投资资金的1/3，当市场处于强势时，可以把持股仓位增加至3/4，不过最高不可超出90%；当市场处于弱市调整中时，要把空仓资金调至3/4，不过绝对不要空仓。

一是大多数投资者在选好股票后，常常是满仓杀入。其实这种做法带有极大的赌博性，万一遇见始料不及的情况其损失可以想象。

二是一些投资者也清楚留有一部分现金备用比较灵活，但是在操作过程中补仓，越补越套，最后变成了满仓。出现这种情况的原因主要是，没有一个良好的资金管理计划。在不同的市场行情中，如果事先已经确定好了现金与股票的比例，就要严格执行所制订的计划。比

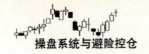

如牛市现金和股票的比例控制在 20%：80%，而平衡市的现金和股票的比例可控在 50%：50%，熊市现金与股票的比例可以控制在 80%：20%。而在加仓或补仓的时候，也有不少技巧。而且原则上如果第一次介入发生亏损，就要仔细研究看看是不是属于判断失误，如果是的话就要坚决止损。

三是还有一部分投资者也可以做到现金和股票的合理配置，不过有一些问题常常出现在品种搭配上。例如过于集中在某一个板块。这要看实际情况，有时这么操作也是正确的，不过随着市场不断地发展变化，多元化的投资策略和各路市场主力运作的思路与阶段不一样，也要考虑适当地分散投资品种。就目前市场而言，大盘蓝筹股板块、科技成长股板块以及重组股板块，甚至是一些超跌股板块都蕴涵着不同的市场机会。在总体仓位布局上，三大主流板块都要合理分配资金，可以在某一阶段适当调整仓位，而且还要注意中长线仓位和短线仓位的不同。

重点结语

中长线与短线的仓位结构有许多不同之处，掌握仓位结构是做好仓位控制的前提条件。有效的仓位控制能使投资者及时规避风险。在投资股市的过程中，投资者只有重视和提高自己的仓位控制技巧，才可以在股市中控制风险安全地存活下来，而且还可以抓住机会反败为胜。

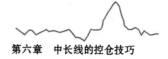

第二节　中长线在跌势中的控仓技巧

一、如何在跌势中控仓

如今的股市已经处在最艰难的时刻，投资者该怎么度过这段最为艰难的时间呢？可能这是大多数投资者最为关心的话题。

其实大盘下跌对一些投资者来说是坏事也可能成为好事，因为大跌对仓位比较重的投资者很不利，不过对于仓位比较轻或者是空仓的投资者来说不仅不是打击甚至可能是一种机会，因为大跌之后多多少少会出现一些反弹，真是这样的话就给前期空仓的和仓位比较轻的投资者带来了很大赢得短线利润的机会。

对于目前这种艰难的市场，笔者总结了三种比较实用的操作方法，不仅可以使投资者避开不必要的风险，而且还可以使投资者抓住场内稍纵即逝的机会。

1. 阶梯型撤退

以均线为上下顶、底而做不断地后撤就是阶梯撤退法，也就是说在上一个均线反弹的时候抛出，在跌破了 BOLL 轨道的下轨以后，在反弹之中买进。再到上一条均线卖出，就这样不断地重复操作。这样操作不仅可以不断摊低成本，还可以在运行中有效规避风险。不过这样操作的前提一定得是职业股，如果不是的话，会不太好把握进出点。

2. 分阶段买入

对投资者来说每次大跌之后总会有反弹的机会，不过不一定就是第二天马上反弹，跌要有一个过程。当市场跌至无量之后，对那些业

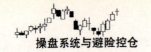

绩面较好、市盈率较低的个股可以进行分段买入。也就是说今天买进20%，明天冲高了卖出。如果不冲高继续下跌，那就再补进20%。只要其中的20%收益，就坚决卖出了结。先不要要求获利多少，只求能保全资金适当获利。要是出现大反弹，就果断抛出所有股票。这种方法的关键在于只在跌无可跌中买进股票，不追涨。

3. 彻底观望法

市场不好，休息也是一种战术，是一种规避风险的战术。对于大多数的投资者而言，在市场走弱的行情中，就可以使用这种方法。如果你既没有很好的短线技术又没有拥有一个好的操作心态，那就彻底观望吧，这是熊市中最好的操作方法。不要去管什么利好或利空，只要短线和中线均线系统不走好就坚决观望，也不要害怕踏空，重要的是要懂得了结。当短线均线系统走坏的时候，坚决回到观望状态是这种操作方法的关键。

在股市中不管是牛市还是熊市其实很正常，我们无法说市场是对的还是错的。可以有对错之分的，只是你的操作方式。牛市要熬，熊市要跑，盘整市要跳。如果违背了这三大操作原则，就算经常会出现牛市你也没法赚钱，却只能和熊市纠纠缠缠、盘整劳心伤神的不良后果。

如果投资者能按照自己的情况，在以上三种操作法里寻找出适合自己的一套操作方法，那么面对目前股市最艰难的日子还是会有信心的。钱可以输但不要输了心态，钱输了我们可以在下一次决策中赢回，但是输了心态，就算好机会摆在你面前你也未必会有收益。

二、关注仓中持股的集中度

1. 怎样判断持股集中度

持股集中度是指投资者持有上市公司股票的集中程度，其中有两

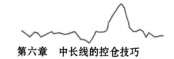
个指标可以体现，一个是人均持股数量，另一个是持股人数。在实际的股票炒作中，持股集中度与行业集中度和投资集中度之间没什么必然的联系，一个股票股价的走势还要看这只股票的庄家实力以及操盘技法等因素。持股集中度，简单地讲就是股票持有人人数少，股票的持有量就大，也就是持股集中度高。大资金的介入会提高持股门槛，令人均持股数增多而持股人数下降。

持股集中度提高就说明持股集中，很可能会有大机构潜伏其中；如果集中度低说明持股分散，有大机构的可能性低。低位吸筹，震荡洗盘，再吸筹，然后拉升、派发，这一系列的动作体现了持股集中度"发散—密集—再发散"的过程。

我们这里讲的持股集中度很容易使大家联想到 2005 年之前庄股时代的控盘度，大资金也被称为庄家，其实这两者没有本质区别。不过是早年的中国股市比较散户化，庄股横行。

机构投资者群体开始增多是在 2005 年以后，价值投资理念深入人心，以基金为代表的机构成为市场主导力量，它们成为新的"庄家"。老股民把以前的"跟庄"改成现在的观察机构动向，其实本质上没有区别，所有人都想跟上或超越市场的主力资金。

这些年庄家已经大量撤出主板市场，不是因为盘子太大就是因为没有足够资金控制，要么因为业绩实在太差，没有炒作空间，现在他们转向流通盘小，控盘容易，基金不轻易介入，有高科技、高成长概念的创业板市场。

判断持股集中度是在市场中操作的基本前提，如果判断正确，就能帮助投资者认清形势，就会增强成功的可能，以下是判断持股集中度的几个途径。

（1）根据上市公司的报表判断。如果公司股本结构简单，只有流通股和非流通股（或者国有大股东），那么前 10 名持股者大多是流通

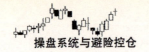

股，判断方法有两种：一是前10名所持流通股加总，看掌握多少，通过这样可以分析机构介入程度如何。二是推测10名以后的情况，通常认为最后一名持股量不低于0.5%就可以推断该股的集中度比较高。

不过庄家也有可能作假，他保留前10大中若干账户的持股，这样一来就难以觉察出变化。想制造持股下降的假象也很容易——降低前10大中关联账户的持股数量而增加10名以后众多关联账户（就是我们平常说的拖拉机账户）的持股量。反之亦可操作，2010年三峡新材前10大账户户均持股逐季下降，但是股东人数却在迅速下降，庄家隐藏资金介入，使用的就是这样的操作手法。

不过有一点可以确定，如果第10名持股占流通股低于0.2%，后面更低，就可以判定集中度低。

（2）根据公开信息。每天交易所都会公布涨跌幅超过7%的个股交易信息，主要是前5大成交金额的席位和成交数量。要是放量拉升，则公布的大多是集中购买者；要是放量下跌就是集中抛出者。如果这些席位成交金额达到总成交量的40%，基本能够判断是有大机构在进出。

（3）根据盘面与盘口来判断。盘面指的就是成交柱状图与K线图，盘口指的则是行情成交窗口。大资金有两种建仓方式：拉高建仓与吸低建仓。低吸建仓每日成交量低，无法从盘面上看出来，不过能够从盘口的外盘大于内盘观察到，拉高建仓会放量上涨，盘面上就能看得出。大机构出货时，通常股价呈现萎靡不振状，或者形态刚好就开始下跌，往往下跌的时候能够明显看出来会放量。

假如单支个股在一两周内忽然放量上涨，累计换手率超过100%，那很可能就是资金在拉高建仓，就新股而言，如果上市第一天换手率超过70%或第一周成交量超过100%，则说明有新庄介入。

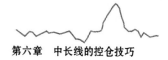

2. 持股集中度对选股的参考

有时身边的投资者或是荐股机构常常会说某某股票由基金与券商重仓持有，或者有重组或者科技概念，但是买进后不涨却下跌。经验告诉我们高台跳水的股票无不是庄家或是机构重仓持有，因此不可以盲目迷信机构重仓概念股。

一般而言，持股从分散到集中，说明有大资金介入，通常股价会上涨或是抗跌，值得关注。高度集中，没有流动性，值得警惕。持股从集中到分散，说明有大资金撤出，股价会下跌或滞涨，这时最好不要介入。高度分散则可能会造成大资金重新收集。

最好的上攻行情的条件是上方没有大量套牢盘，若在低位形成新的成交密集区则说明大盘将止跌趋稳。下跌多峰中的任何一个上峰都是强阻力位，对于处在下跌多峰的股票不要盲目地去建仓。这就是弱势中次新股容易出黑马的原因，主要原因就是它的上方没有压力不大。

选择持股集中度高的股票有什么好处？相对其他股票，持股集中度高的股票表明有大资金在关注。反之则表明没有大资金关注或是流出。不过集中度并不是越高越好，要是指数与个股股价在高位，集中度高则表明主力资金很可能要出货，未来存在大幅下跌的可能性。

有色金属就是机构在 2007 年的时候一致看好周期性行业的情况下介入市场的，2008 年金融危机来袭，有色金属价格暴跌，基本面逆转，它的 90% 的跌幅可真算是惨烈。

纵观中国股市历史，指数如果从高位大幅下跌，不管持股集中度高还是低，绝大部分股票都逃脱不了惨跌的宿命。不过在指数出现很大跌幅后，当大盘与个股都游走在底部时，持股集中度高的个股会出现主力资金自救（也就是通常说的护盘），反弹也会更强一点。由于基金排名的原因，大家都不想带头护盘，这些机构重仓股可能会比单一

庄家控盘的股票更迅速地坠入下一轮下跌中，并且它的跌幅会更大。

在真正超跌后应该选择什么样的股票呢？通常可以有两种选择：一是重大题材股。二是高持股集中度的股票。一般情况下，在一轮反弹行情中，相对这两类的股票涨幅比较大。

三、中长线投资的持股技巧

中长线的持股技巧总结起来就是四个要点，即大气投资，严格选股，随时买股，耐心持股。

1. 大气投资

股票投资的大气主要是指在投资时要从大处着眼，不要贪图小利目光短浅。在市场价格潮起潮落、涨跌不定的氛围之中，在牛市、熊市更迭交替、利多利空变化不断的环境之中，核心问题是，就长期来讲：伴随着社会的不断进步，经济也在不断发展，所以股市总体来讲永远是向上的。无论经历多少风风雨雨，都无法改变股市长期向上的这一本质。作为长线投资者，只要选股严格点，简单地买入就可以了。具体来讲，投资要大气，包括以下几点：不要去在乎一些蝇头小利，就像一截波段、一点差价，甚至是买进卖出时纠结挂低挂高几分钱等。太注重蝇头小利而成天炒来炒去的人成不了大事。深入本质去思考一下就知道，既然股市总体趋势永远向上，投资者也应该把目光放得更远，抱紧优秀公司的股票，立志赚足利润，依靠时间的推移使自己成为亿万富翁。所以长线投资选股的时候不必过分依赖大盘走势、消息面以及技术预测。投资者甚至可以暂时摒弃一切技巧。这并非是说过激的话，而是一个很严肃的理念问题。人的一生当中其实只要长期拥有极为优秀的几只好股票，就可以享用不尽，就像香港持有万科 18 年而成为巨富的刘元生那样。要保持一个好心态。长线可以完全不用去理会大盘短期内的波动，长期投资的大忌就是心态不稳。

健康稳定的情绪管理是投资制胜的一个关键条件。长线投资可以不去看盘，也不去看价格的红绿跳跃，只需要关注上市公司的基本面就行。

2. 严格选股

原则是"严格选，随时买，不要卖"。世界上很多投资大师的辉煌业绩都验证了严格选股是非常重要的。巴菲特严肃地指出：如果市场总是有效的话，我们这些人只有去喝西北风了。想成为一个优秀的投资者，就一定要严格挑选非常优秀的公司。投资者要有"股不惊人誓不休"的精神。那么，投资者该如何识别这样的股票呢？这就需要我们具备选股的诀窍，无非是记好 30%、40%、50% 和 60%。

（1）30% 的意思是指机构持有该股流通股总和不低于现有流通股数量的 30%。身在股市，要想做中长线最终获得成功，关键还是要做好调研上市公司的工作，不过这对于中小散户而言，是一件可望而不可即的事，所以，一只有多家机构大笔买入的股票，就等于这些机构为我们免费提供了买入这家上市公司的可行性报告。如果发现机构中不乏金牌基金的身影，简直是又为这份报告增加了一重可靠性。

（2）40% 的意思是指该上市公司最近三年的平均毛利率不低于40%。连年居高不下的毛利率，充分表明该公司在整个行业中具备优越的竞争力，很可能该公司拥有核心技术，拥有牢固的品牌地位，而且有很强大的产品定价权并处于市场的垄断地位，且较高的毛利率对公司利润持续增长更有利，这里值得注意的是，商业类上市公司由于其业务的特殊性，不适宜 40% 毛利率这个标准。

（3）50% 的意思就是说最近的三年里该公司年平均复合增长率不低于 50%。曾经微软的股价创造过上涨十几万倍的神话，索尼的股价也曾创造过上涨 30000 倍的奇迹，而戴尔的股价曾经在十年里上涨将近 9000 倍。它们的背后都有一个共同点——高企的年均复合增长率。

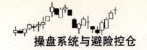

而我们在沪深股市中能找的楷模当属苏宁电器，苏宁电器凭借三年以来每年接近90%的复合增长率，在三年多的时间里股价上涨40多倍。还要说明一下，选股的时候要尽量选年增长率波动幅度不大的上市公司，如果一家公司近三年时间有两年的增长率是零增长，而其中一年增长率超过500%，尽管年均复合增长率超过140%，不过该公司并不能作为理想的选择。

（4）60%的意思就是说该公司当前股价不比机构平均成本的60%高。以上所讲的选股标准中二三项我们很快就可以查找并计算出，但是第一则选股标准需要等到上市公司年度或是季度报表公布后才可以查到，这就决定我们很难和机构同步建仓。很多时候我们买进的价格要比机构建仓成本高出许多。所以才把上限设置在60%，如果以半年时间段来筛选，虽说符合上述四项选股标准的公司非常少，不过总归还是可以找到几只的。

我们一直在讲技巧却还没有谈到价格，难道价格不重要？当然不是，价格肯定重要，所谓"安全空间"一词简直成了价值投资者的口头禅。好价格再加上好公司才算得上好股票。巴菲特的投资策略总结起来就12个字：好股，好价，长期持有，适当分散。就已经把好价包括在内了。不过我们讲的主要是优秀公司的问题。同时相对于价格来讲，好股是第一位的。先好股，再好价；先定性，再定量。这算是投资哲学吧。

3. 随时买股

主张随时买股一定要先强调一点，这主要是针对大部分人特别是有稳定后续资金的工薪阶层来说的。

这里说的"随时买"不包括拥有大资金的投资者以及专业投资机构，仅针对大部分普通投资者来讲的。大部分人属于"钱少"的工薪阶层，每月有固定的工资奖金收入，"随时买"就是说每个月都用工资

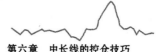

奖金的剩下那部分去买，这种固定的买法最终能使买到的股票成本平均化，不过因为严格挑选，买到的差不多都是优秀公司的股票，就长期而言，收益还是会十分可观的。虽然选到平均每年不低于 20%增长的优秀股票不那么容易，不过工资奖金都是不断上涨的，如果把增加部分中的 20%再追加投资，不就更容易成事了吗？

4. 耐心持股

投资的原则就在于：需要复杂的就复杂，该简单的时候就得简单。"选股要严格"，属于复杂的范围，不过"买股要随时"与"持股要耐心"就格外简单了，就像风暴之后天空特别碧蓝一样。

发财要有耐心，这是千真万确的。中长线投资如果没有什么意外或重大利空出现，不可轻易平仓，没有胆量是赚不了大钱的。

当你通过上述选股技巧买入一只股票以后，就应当坚定持股，不要患得患失。即使是大幅下跌，也要分析其原因。应当坚定持股的信念，不为短期回调所动。只要没有跌破上升趋势，重要支撑位没有被击穿或是跌幅不深，就不要选择平仓。如果不敢持股，不敢赚，随意平仓，那么就去大部分获利空间。赌场和摸彩票能提供一夜暴富的机会，不过这样的概率是多少？收藏的发财概率比赌博和摸彩要高一点，不过能收藏到几件珍品几件真迹？里面水太深，收到了假古董赝品之类的赔钱赔得委屈；做期货、买权证的发财概率比收藏的又高一点，不过长期成功的例子又实在不多；你放眼世界，还是有不少人是通过长期持有股票与房地产才成为亿万富翁的。这些认识也是经过惨痛的失败才总结到的东西。这个东西称为"定力"，这个很重要，仅次于"眼力"。所以在你的投资字典里建议你能删掉那个"卖"字。

我们的实际投资中，确实是关心卖的人多，而想当收藏家的不多。其实卖掉好公司的股票才是最大的风险。投机者心中的魔鬼就是一个"炒"字。澳门赌王何鸿燊在回答记者有关于赌博赢钱的诀窍时说了两

个字"不赌"。其实对于有人问炒股的诀窍是什么的时候,答案应该就是"不炒"。在股市里的长线投资其实就是一个"乌龟"打败"兔子"、"懒人"战胜"忙人"、"笨人"战胜"聪明人"的过程。

重点结语

在大盘持续下跌的时候,一次次地下滑最容易使投资者们心灰意冷、一蹶不振,常常会产生穷途末路、四面楚歌的绝望感。实际上在这个时候,可以换一种思维看问题,跌势可能意味着亏损,但同时也正是投资者们布局的好时机。

第七章　盘中仓位控制分时图的不同意义

第一节　盘中顶部和底部形态的操盘技巧

一、盘中顶部形态的操盘技巧

1. 头肩顶形态分析

（1）左肩部分——持续上升一段时间，有很大的成交量，在过去任何时间买入的人都会获利，于是开始获利沽出，使股价短时间回落。

（2）头部——历经股价短暂的回落之后，又有一次强劲的回升，成交量也会随着增加。不过成交量最高点较之左肩部分明显减退。股价突破上次高点之后又一次回落，在回落期间成交量会再次减少。

（3）右肩部分——股价跌至接近上次回落的低点后又一次得到支撑开始回升，不过，因为市场投资者的情绪明显减弱，成交量左肩和头部明显减少，股价无法到达头部高点就开始回落，这样就形成了右肩部分。

（4）突破——从右肩顶跌穿左肩底与头部底相连接的底部颈线，

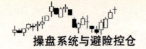

实际上突破颈线的幅度要超出市价的3%以上。

头肩顶判断需要注意的部分如下。

典型头肩顶出货形态由三部分构成：多头市场最后一波中期涨势头部和两波涨势较小的肩部，头部是最高，但是两肩不一定是一样高的。

在成交量方面，通常情况下，左肩成交量最高，头部次于左肩，而右肩是最小的。

判断头肩顶结构的关键是右肩，左肩与头部在右肩还未确定以前都不可以判定，如图7-1所示。

图7-1 头肩顶形态

2. 双重顶与多重顶形态分析

（1）双重顶就是两个峰所形成的顶部，中间包含一波回调的走势，也就是我们常说的M头。

（2）多重顶就是M头形成的过程：一波放量上涨之后股价回调，成交量跟着减少，接着股价再次攀升至与上次顶部基本持平的位置（可稍高或低于该位置），成交量同样增加，不过不如上次顶部的成交量，如图7-2所示。

图 7-2　多重顶形态

3. 尖顶形态分析

尖顶，它的顶部就像塔尖（也称"塔尖形态"），这在 A 股市场是比较常见的，多存在于概念股中。

塔尖左边是迅速暴涨，右边是迅速暴跌：上涨凶猛，跌得也会更严重。形成塔尖的时间往往很短，通常是几天甚至一天，如图 7-3 和图 7-4 所示。

图 7-3　塔尖形态（一）

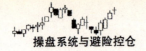

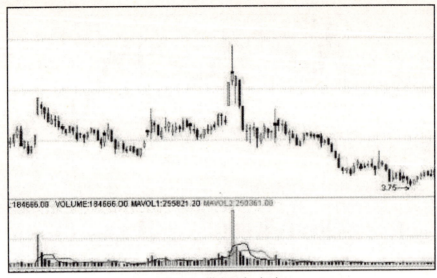

图 7-4　塔尖形态（二）

4. K线顶部形态分析

（1）长阴线空头的意思非常明显，假如长阴线跌破重要的支撑位，那么后市大跌的可能性很大。出现大阴线之后要出现长阳线反击才能继续上涨，如图 7-5 和图 7-6 所示。

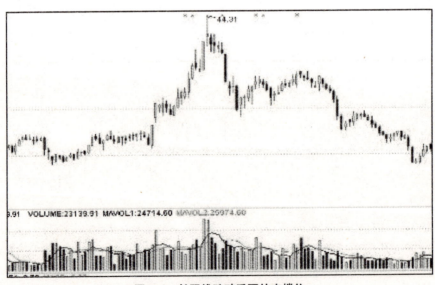

图 7-5　长阴线跌破重要的支撑位

图7-6　突破大阴线形态

（2）高位长山上影。高位长上影通常不是好预兆，意味着浓重的空头即将来临，在顶部出现长上影，往往意味着市场行情要出现逆转，特别注意高位长上影，如图7-7所示。

图7-7　高位长上影线

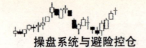

（3）高位上吊线。上吊线就是下影线很长，实体位于线体的上半部分，上影线较短或根本就没有。要是出现在底部就称为锤头线，代表多头意味；而出现在顶部则称为上吊线，具有空头意味，如图7-8和图7-9所示。

图7-8　高位上吊线形态1

图7-9　高位上吊线形态2

5. 乌云盖顶形态分析

一根长阳线与一根高开低走的长阴线形成"乌云盖顶"，而且这根长阴线的实体插过了长阳线的一半。

本身市场是处于上升的趋势中，某天忽然出现一根大阳线，第二天跳空高开，至此，主动权完全到了买方手中。但是市场并未继续上冲，市场的收市价处在当日最低处或是接近最低处，而且很明显地深深扎入了前一日实体内部。这表明市场上涨能力已经消失，买方策划的最后一轮上攻失利，最后卖方控制了大局以至下跌的局面，如图 7-10 和图 7-11 所示。

图 7-10 乌云盖顶形态 1

6. 顶部吞噬形态分析

通常看到顶部吞噬形态，就知道这是非常明确的空头信号。形态是前面是一根阳线，紧跟着后面是一根长阴线，长阴线开盘价高于前面阳线的开盘价，而收盘价低于前面阳线的开盘价。这个形态在头部形成之后通常是趋势逆转的信号，如果吞噬 K 线出现在下跌途中，就是空头加强的信号，后市不看好，如图 7-12 和图 7-13 所示。

图 7-11 乌云盖顶形态 2

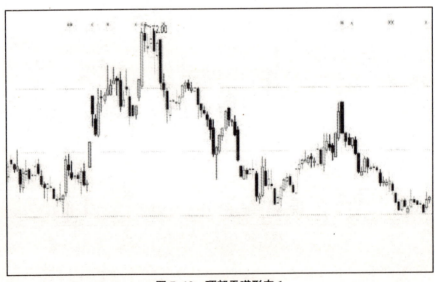

图 7-12 顶部吞噬形态 1

7. 岛形反转形态分析

　　日线向上高开留有缺口，在高位盘整，忽然某一天跳空低开不再回补缺口，上证指数 2008 年 4 月 24 至 6 月 6 日，38 根 K 线犹如一座孤岛，如图 7-14 所示。

图 7-13 顶部吞噬形态 2

图 7-14 岛形反转形态

二、盘中底部形态的操盘技巧

1. 盘中圆弧底

圆弧底是指股价运行轨迹呈现圆弧形的底部形态。这种形态形成

的主要原因是有部分做多资金正在少量地逐级温和建仓，表示股价已经探清阶段性底部的支撑。其理论上涨幅度往往是最低价到颈线位的涨幅的一倍。我们要留意的是盘中圆弧底在用于对个股分析时是效果较好，不过指数出现圆弧底通常不一定会有像样涨升空间，如图7-15所示。

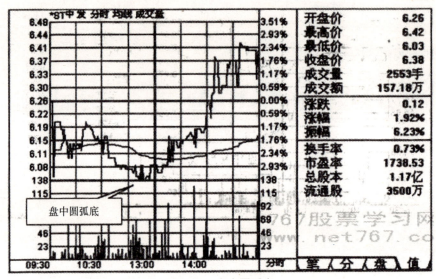

图7-15　盘中圆弧底

2. 盘中V形底

我们常说的"尖底"就是盘中V形底，它的走势形态很像V形，它形成的时间非常短，是研判最困难，也是参与的风险最大的一种形态。不过这种形态的爆发力非常强大，把握得好，可以迅速获取利润。它的形成原因一般是因为主力故意打压所产生的，使得股价暂时性地过度超跌，从而产生盘中的报复性上攻行情。这一种盘中形态是短线高手最喜欢的，如图7-16所示。

3. 盘中双底

股价的走势像W字母就是盘中双底，这又称为W形底，是一种较为可靠的盘中反转形态，对这种形态的研判重点是股价在走右边的

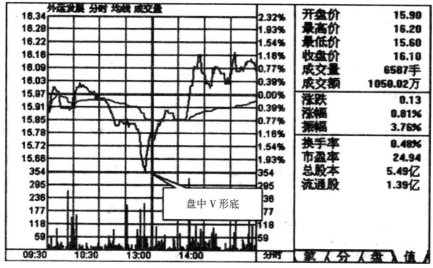

图 7-16 盘中 V 形底

底部时，即时成交量有没有出现底背离的现象，如果，即时成交量不产生背离，那么 W 形底就有向其他形态转化的可能性，如多重底。转化后的形态就算出现了涨升，它的上攻动能也不会太大。这类盘中底部形态研判比较容易，形态构成时间长，有较强的可操作性，适用于短线爱好者操作或普通投资者选择买点时使用，如图 7-17 所示。

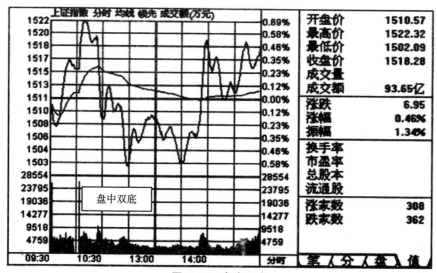

图 7-17 盘中双底

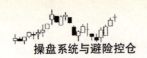

4. 盘中头肩底

它的形态表现出三个较为明显的低谷，其中位于中间的一个低谷比其他两个低谷的低位更低。对于头肩底的研判关键是看量比与颈线，量比要处于温和放大状，右肩的量要明显比左肩的量大。假如在有量配合的前提下，股价胜利突破颈线，则是该形态在盘中的最佳买点。参与这种形态的炒作要注意股价所处位置的高低，较低的位置通常会有较高的参与价值，如图 7-18 所示。

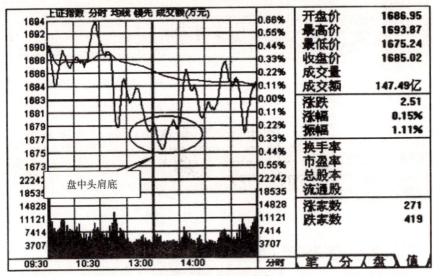

图 7-18　盘中头肩底

5. 盘中平底

只有在盘中才会有这一种形态。它常常会演变成"平台起飞"的形态。具体表现形式是：在开盘后有些个股的走势一直显得十分乏力，股价几乎沿着一条直线做横向近似水平移动，其价格的波动范围也非常小，有时甚至上下相差仅几分钱。不过，当运行到午后开盘或临近收盘时，这样的个股会忽然爆发出盘中井喷行情，如果投资者平时注意观察，实时跟踪，并在交易软件上设置好盘中预警功能，一旦发现即时成交量突然急剧放大，就能够准确及时地获得盘中可观的短线收益，如图 7-19 所示。

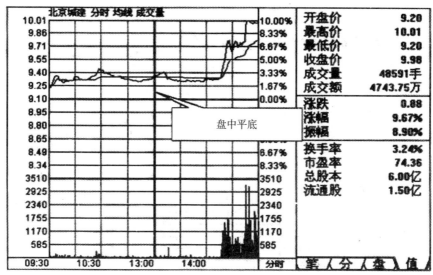

图 7-19　盘中平底

重点结语

大盘顶底部的判断可以从一些标志性的个股走势中推测出来，同时还要从无数次的观察与研究中结合历史成交量的大小这些情况来进行预判，只有这样才可以更加准确地去"逃顶"和"抄底"。

第二节　认识分时走势图

一、认识分时走势图

何为分时走势图？怎样去看分时走势图？大盘指数是指上证综合指数和深证成分指数，其每一分钟的走势称为大盘分时走势，又称为

大盘即时走势。它是将股票市场的交易信息实时地用曲线反映在坐标图上的技术图形。坐标的横轴代表开市时间，纵轴的上半部分是股价或是指数，下半部分代表的是成交量。分时走势图是股市现场交易的即时资料。分时走势图又分为指数分时走势图与个股分时走势图。

1. 指数分时走势图

白色（下方）①的曲线代表上证交易所平常对外公布的大盘指数，即加权数。这是考虑股票股本数量占整个市场股本的比重计算出来的大盘指数，它是证交所每日公布的大盘实际指数。

黄色（上方）的曲线是不将上市股票发行数量的多少考虑在内，把所有股票对上证指数的影响相同对待的不包括加权数的大盘指数，以整个市场股本平均数计算出来的大盘指数。

参考白色和黄色曲线的相对位置关系，就可以获得以下信息。

当大盘指数上涨时，黄色曲线在白色曲线之上，表示流通盘较小的股票涨幅大于大盘股；反之，小盘股涨幅落后于大盘股。

当大盘指数下跌时，黄色曲线仍然在白色曲线之上，表示流通盘较小的股票跌幅小于大盘股；反之，小盘股跌幅大于大盘股。

红色、绿色的柱线体现当前大盘所有股票的买盘和卖盘数量的对比情况。红柱（上面柱线）增长，表示买盘大于卖盘，指数将逐渐上涨；红柱（上面柱线）缩短，表示卖盘大于买盘，指数将逐渐下跌。绿柱（下面柱线）增长，指数下跌量增加；绿柱（下面柱线）缩短，指数下跌量减小。图 7-20 底部柱线表示每分钟的成交量，单位为手。

2. 个股分时走势图

交易时间内，个股每一分钟成交价格的走势称为个股分时走势，如图 7-21 所示。

---

① 因为本书的图是黑白图，所以读者可查看真实的分时图来加强理解。

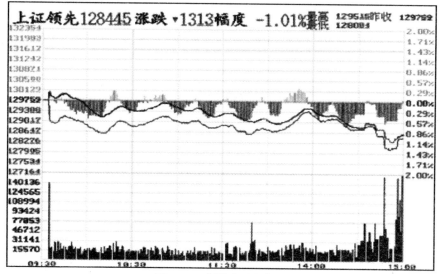

图 7-20 指数分时走势图

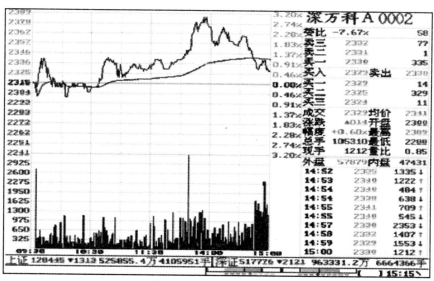

图 7-21 牛股分时走势图

图中白色（上面）曲线表示该种股票的分时成交价格。黄色（下面）曲线表示该种股票的平均价格。黄色（底部）柱线表示每分钟的成交量，单位为手（100 股/手）。

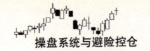

3. 以下是分时走势图中常常出现的名词和它的含义

（1）外盘：买家以卖家的卖出价而买入成交的手数总和就称为外盘。

（2）内盘：成交价是买入价的时候成交的手数总和就称为内盘。当外盘累计数量相较内盘累计数量大出许多，同时股价也在上涨的时候，说明有很多人在抢盘买进股票。当内盘累计数量比外盘累计数量大很多，这时股价却在下跌时，说明大部分在抛售股票。

（3）买一，买二，买三为三种委托买入价格，而买一是最高的申买价。

（4）卖一，卖二，卖三为三种委托卖出价格，而卖一是最低的申卖价。

（5）委买手数：就是买一，买二，买三所有委托买入手数加起来的总和。

（6）委卖手数：就是卖一，卖二，卖三所有委托卖出手数加起来的总和。

（7）委比：委买和委卖手数之间的差与和的比值。委比旁边的数值是委买与委卖手数之间的差值。当委比是正值的时候，表示买方的力量比卖方强，股价上涨的可能性比较大；当委比为负值的时候，说明卖方的力量比买方强势，股价下跌的可能性就大。

（8）量比：当日总成交手数与近期平均成交手数之间的比值。要是量比数值大于1，说明这个时刻的成交总手量已经放大；要是量比数值小于1，说明这个时刻成交总手萎缩。

（9）现手：已经成交的最新一笔买卖的手数。位于盘面的右下方是即时的每笔成交明细，红色向上的箭头代表以卖出价成交的每笔手数，绿色箭头表示以买入价成交的每笔手数。

二、怎样看分时走势图

以下用带有成交量的分时走势图分别讲解分析数种典型的单个日K线图的形成过程与其不同的含义。分时走势图记录了股价的全天走势，不同的走势形成了不同种类的K线，而同一种K线却因股价走势不同而各具不同的含义。

1. 小阳星

全天中的股价波动非常小，开盘价和收盘价非常接近，收盘价格稍微高于开盘价。小阳星的出现，说明行情正处于暧昧不清的阶段，后市的涨跌预测较为困难，此时要根据其前期K线组合的形状以及当时所处的价位区域综合判断，如图7-22所示。

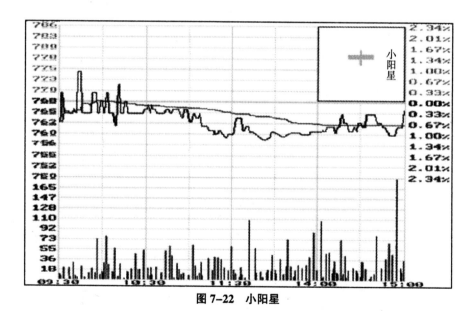

图7-22 小阳星

2. 小阴星

小阴星的分时走势图与小阳星非常相像，不过是收盘价格比开盘价格略低。说明行情不容乐观，发展方向不明，如图7-23所示。

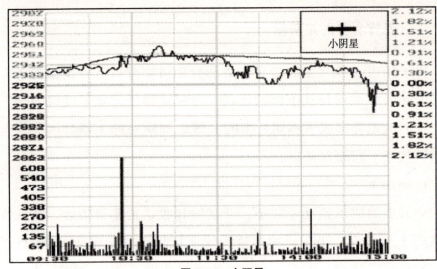

图 7-23　小阴星

3. 小阳线

它比小阳星的波动范围较大，多头稍占上风，不过上攻的动能还是不足，表明行情发展扑朔迷离，如图 7-24 所示。

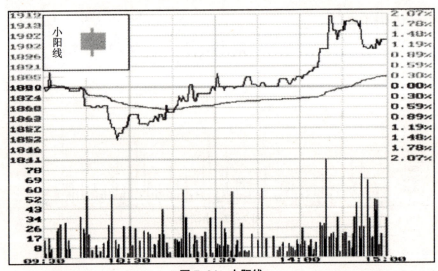

图 7-24　小阳线

4. 上吊阳线

假如在低价位区域出现了上吊阳线，如图 7-25 所示，股价表现出

探底过程中成交量萎缩，伴着股价的逐渐升高，成交量呈均匀放大事态，并最终以阳线报收，意味着后市股价看涨。

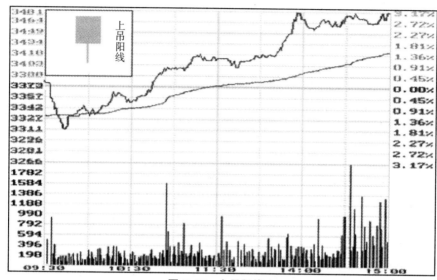

图 7-25 上吊阳线 1

假如在高价位区域出现了上吊阳线，股价走出如图 7-26 中的形态，则有可能是主力在拉高出货，需要多加注意。

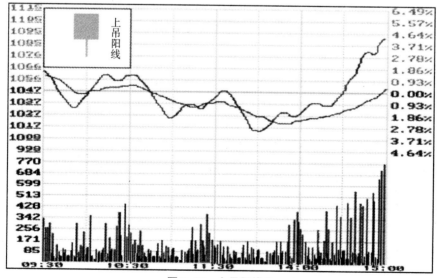

图 7-26 上吊阳线 2

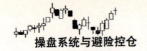

5. 下影阳线

下影阳线的出现，表明多空交战中多方的攻击沉稳有力，股价先跌后涨，行情会有进一步上涨的动能，如图 7-27 所示。

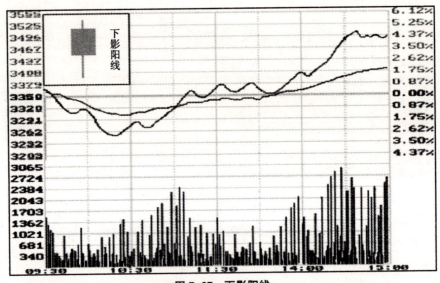

图 7-27　下影阳线

6. 上影阳线

显示多方攻击时上方抛压沉重。这种图形常见于主力的试盘动作，这时意味着浮动筹码比较多，涨势不强，如图 7-28 所示。

7. 穿头破脚阳线

股价走出如图 7-29 所示的图形意味着多方已占据优势，并出现逐波上攻行情，股价在成交量的配合下稳步升高，表明后市为涨市。同样为穿头破脚阳线，股价走势若表现出在全日多数时间内横盘或者盘跌而尾市突然拉高时，预示次日可能跳空高开后低走。另外，如果股价走势表现为全天宽幅震荡、尾市放量拉升收阳的时候，可能是当日主力通过震荡洗盘驱赶"坐轿客"，然后轻松拉高，可能后市会继续看涨，如图 7-30 所示。

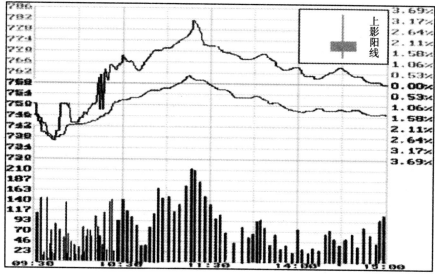

图 7-28 上影阳线

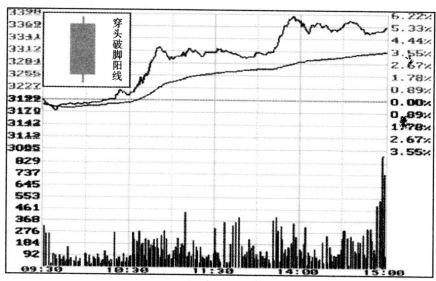

图 7-29 穿头破脚阳线 1

8. 光头阳线

如果光头阳线出现在低价位区域，在分时走势图上表现为股价探底后逐渐走高并且成交量同时放大，这将意味着一轮上升行情的开始。假如是出现在上升行情的中途，表明后市继续看好，如图 7-31 所示。

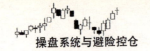
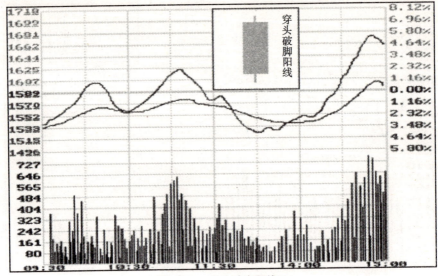

图 7-30　穿头破脚阳线 2

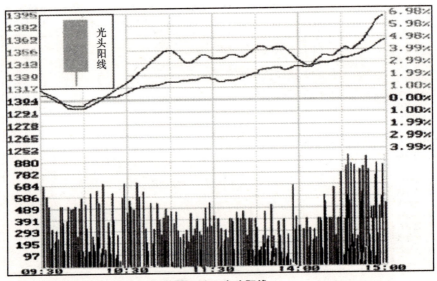

图 7-31　光头阳线

9. 光脚阳线

　　光脚阳线的出现说明上升势头强劲，但在高价位处多空双方有分歧，应该谨慎购买，如图 7-32 所示。

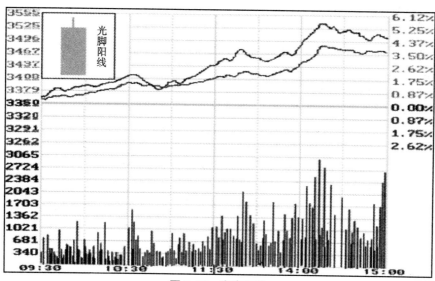

图 7-32　光脚阳线

10. 上影阳线

上影阳线出现意味着多方上攻受阻回落，上档抛盘较重。能不能继续上升局势还不很明朗，如图 7-33 所示。

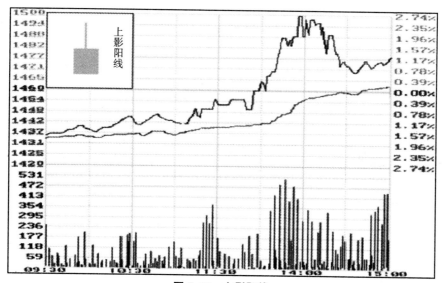

图 7-33　上影阳线

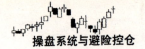
11. 光头光脚阳线

光头光脚阳线的出现表明多方已经牢牢控制盘面，逐浪上攻，步步逼空，涨势明显而强烈，如图 7-34 所示。

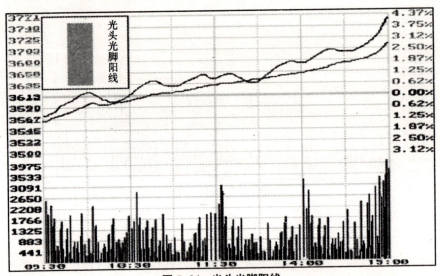

图 7-34　光头光脚阳线

12. 小阴线

小阴线表明空方呈打压态势，不过打压力度不大，如图 7-35 所示。

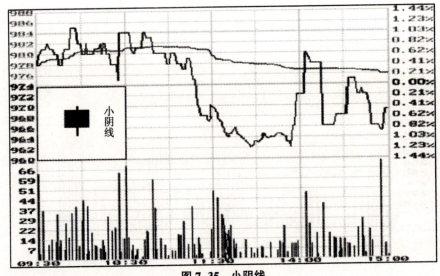

图 7-35　小阴线

13. 光脚阴线

光脚阴线的出现表明虽然股价有反弹，不过上档抛压很重。空方趁势打压使股价以阴线报收，如图7-36所示。

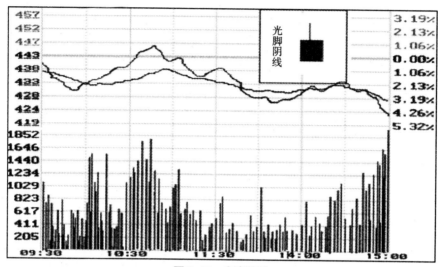

图7-36 光脚阴线

14. 光头阴线

如果光头阴线线形出现在低价位区，表明抄低盘的介入令股价具有反弹的能力，但力度不大，如图7-37所示。

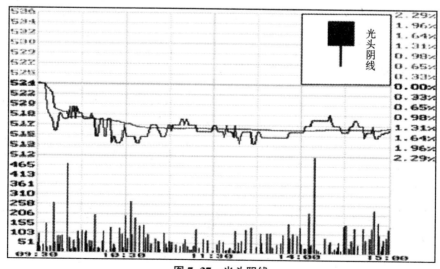

图7-37 光头阴线

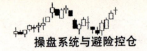
15. 下影阴线、下影十字星、T形线

这三种线形中的任何一种出现在低价位区时，都说明下档承接力较强，股价有可能反弹，如图7-38所示。

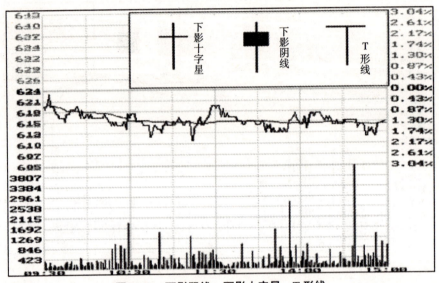

图7-38 下影阴线、下影十字星、T形线

16. 上影阴线、倒T形线

这两种线形中的任何一种出现在高价位区时，表明上档抛压较严重，行情不乐观，股价有反转下跌的可能；如果出现在中价位区的上升途中，则表示后市还是有上升的空间，如图7-39所示。

17. 十字星

这种线形常称为变盘十字星，不管出现在高价位区还是低价位区，都可视为顶部或底部信号，预示大势将要改变其原来的走向，如图7-40所示。

18. 大阴线

股价横盘一日，尾盘突然放量下攻，说明空方在一天交战的努力中最后占据了主导优势，第二天低开的可能性会较大，如图7-41所示。

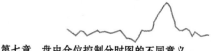

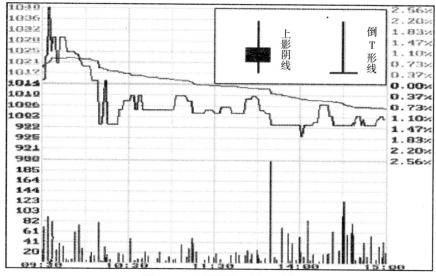

图 7-39 上影阴线、倒 T 形线

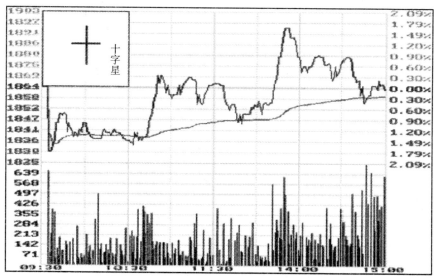

图 7-40 十字星

如果股价走出如图 7-42 所示的逐波下跌的行情，这表明空方优势已经占尽，多方没有能力抵抗，股价被逐步打低，后市行情不乐观。

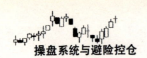
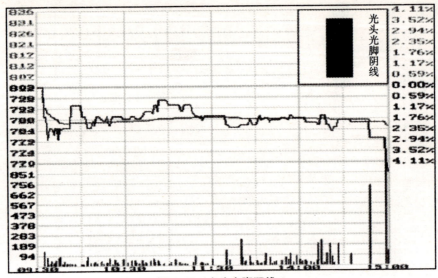

图 7-41　光头光脚阴线 1

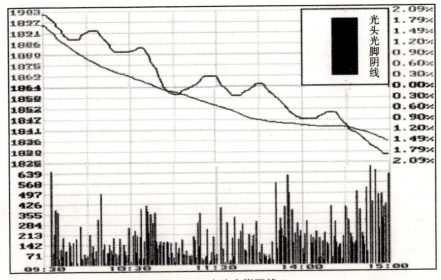

图 7-42　光头光脚阴线 2

三、分时走势图的意义

1. 分时走势图的意义

分时走势图的意义在于把握股价一天内的波动，有效地为短线交

易提供依据！开盘之后可以看到一根白线与一根黄线，白线是代表指标股的，黄线则代表非指标股，当它们向上指数则上涨，向下运行指数就下降。假如白色线在黄色线上方并且向上运行的时候，那么说明大盘是在指标股的带动下上涨的。此时很可能会出现"二八现象"，绩差股与高市盈率的股票通常会出现下跌，如果黄色线在上，通常会令上涨股多于下跌股，此时大盘股却不一定会同步上涨。总的来说，谁在上方就代表谁是推动指数上涨的动能；相反，股指下跌的时候道理也是一样的。

开盘的时候我们所看到的红色、绿色和黄色实体，红色是指主动买盘（外盘），绿色是指主动卖盘（内盘），黄色实体体现的是双方共同成交量的总和。红色的实体多而且大，表明全天都是买方市场，绿色的实体多而且大则说明卖方势力在控制大盘的方向。所以你要实时地关注它们之间的变化，比如：当红（绿）色实体一拨比一拨变小时，就说明做多（空）的力量在削弱，如果双方同时发生这样的情况，则说明大盘要选择突破口了，这个时候，要是股指在高位，选择向下的可能性就大，假如股指在比较低的位置，选择向上的概率就大。

2. 红绿柱指标

红绿柱指标最关键的作用就是用来相较分析多空双方，该指标和MACD 中的红绿柱指标有点相似，不一样的地方就是这个是实时的。

经过这种比较，投资者可以了解到多空双方谁势力更强大，这对于我们判断后市是有很大帮助的，不过分时图只能反映短时间内的多空变化，要分析得更长，需要其他 K 线图的配合。不过对于短线操作的投资者来说，分时图是最好的分析工具。

3. 量能指标

量能指标也是我们经常用到的分析指标，量能指标分为黄柱和蓝

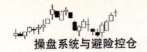
柱两种，其中黄柱表示多方能量，蓝柱表示空方能量。要是黄柱比较多又比较高，意味着多方占主导地位；反之，则空方占主导地位。

4. 买卖盘指标

买卖盘指标主要体现当时大盘中买卖盘的量，并通过曲线进行反映出来，这个指标同样可以帮助我们了解目前市场上买卖双方的力量对比。

5. 综合分析

分时图只能作为每天盘中行情的观察，其对整体行情的影响很小，因此使用分时图只是作为观察盘中当天变化的工具，所有指标都要综合利用起来分析，这样尽量避免操作中的错误判断。

分时图上同样可以看出各种走势形态，如三角形态、箱体形态等，它们的分析方法是相同的。它对于喜欢"T+0"操作的朋友尤其重要，这是很重要的分析工具。

四、看分时图分析主力意图

投资股市的大多数人都有这样的习惯，每天交易时间都会盯着盘面的分时图形看，很多短线炒作者甚至以此作为买卖依据来博取短差，而我们常常看到的分时走势图是不是也蕴含着一些对我们更有价值的信息呢？事实上我们最关心的主力资金流向的这个问题可以通过分时图来了解。

主力操作短线那是极其诡诈和狡猾的，实力强悍的实际上常常掩盖实力让你误以为是弱庄，形态好的该拉长阳的就先拉高后出货变成长阴，股价将要启动的却用杀跌吓唬你让你错以为上涨无期，股价就要下跌的却以长阳诱骗你让你错觉涨势再起，你越生气主力就越要激怒你，你不自信了主力就给你点甜头骄纵你，再用上述手段把你搞得七荤八素的时候就一口吞掉你。庄家就是冷血的毫无人性的操作机器

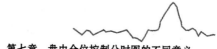

人，所谓胜人者有力，自胜者强，散户要想赚钱必须将自己的修为提升至和庄家同等级别，你不能被自己的情绪所控制，更不可被自己的贪婪与恐惧所驱使，简单来说就是要想搞定主力必须先搞定自己。

1. 实战范例一

中瑞思创（300078），2011 年 1 月 24 日，当天出现了一个可以让全部散户都出局的走势，第一个理由是当天是一根巨阴线，跌幅近7%；第二个理由是该阴线击破了所有的均线！不过这种"大势已去"的景象正是主力想极力营造的陷阱，该股主力操盘虽然高明，但至少有三点明显的破绽，如图 7-43 和图 7-44 所示。

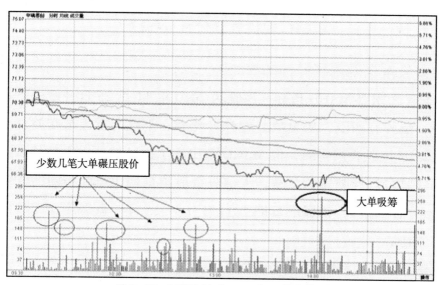

图 7-43 中瑞思创（300078）K 线走势 1

（1）从当天的分时图上看，下跌的主要原因是主力少数单笔大单引起的，从成交明细看很少有大于 100 手的大单，在这样的情形下大跌，恰恰验证了主力已经高度控盘的事实，说明主力实际上是假出货。

（2）虽然该日成交量与前几天相比属放量范畴，但是和前期2010 年 4~9 月的前期支撑平台相比较却是大缩量。用这么小的量能去击穿前期巨额成交量沉淀的平台是不大可能的，股价至少会有一

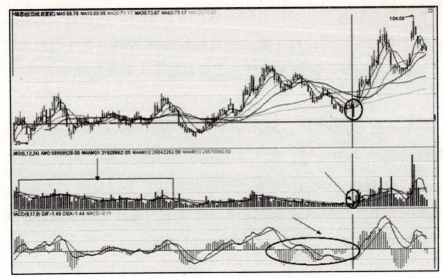

图 7-44 中瑞思创（300078）K 线走势 2

次有力反弹。

（3）大家看 MACD 指标，该股从 2010 年 11 月 26 日开始的下跌有三段，反弹有两段，从 MACD 绿柱变化看，下跌力度逐渐变差，虽然 1 月 24 日该股收巨阴线，但 MACD 却出现了金叉红柱也在延长，这就表明这是最后背驰段的急跌，大部分个股都是使用与此相同的伎俩来制造最后的恐慌。该股次日即 2011 年 1 月 25 日开盘涨停，无数散户悔不当初。

图 7-45 至图 7-47 为 2011 年 1 月 20 日的上证指数大盘 K 线图，当天大盘凶猛的暴跌近 3%，不过细心的你一看就明白简直和上述的诱空手法如出一辙，这是非常标准的教科书般的急跌诱空走势。

2. 发布利好消息股票大跌的原图

在股市中我们常常遇见很多股票发布天大利好消息的时候，按道理说当天的股价应该大涨甚至是涨停的，可是结果却恰恰相反，很多股票发布利好消息之日却是股票大跌之时。其原因大体上有三个。

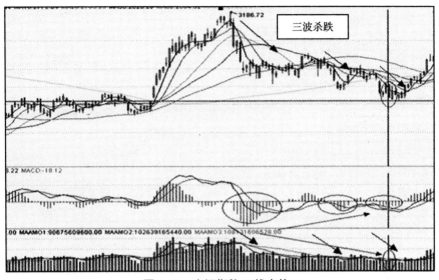

图 7-45　上证指数 K 线走势 1

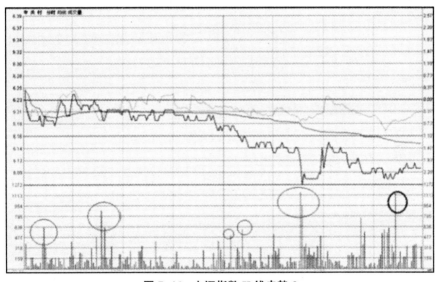

图 7-46　上证指数 K 线走势 2

（1）股价阶段性见顶，如图 7-48 和图 7-49 所示。

机器人 300024，2011 年 2 月 25 日，机器人公布年报每股收益 0.8 元，并且 10 送 5 转 7 派 1，这是个超级的送股方案，但是在公布利好当天，该股却低开 5% 开盘，收盘的时候接近跌停！而我们从分时图上

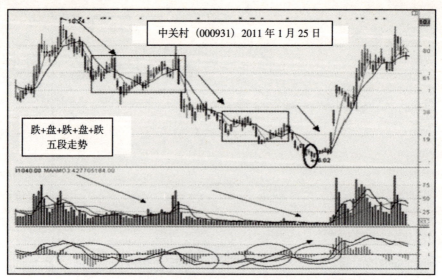

图 7-47　中关村（000931）2011 年 1 月 25 日 K 线走势

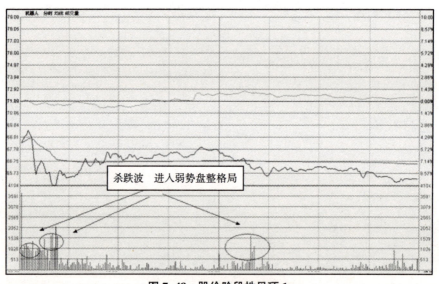

图 7-48　股价阶段性见顶 1

看该股其实是比较有力的杀跌波，股票很可能会陷入大幅度地调整或长时间地盘整。具体原因我们可以分析一下该股的日线图。

该股从 2010 年 9 月底到年报公布当天共有四次上涨波，我们可以在图中清楚地看到 1+盘整+2+盘整+3+盘整+4，从上升的力度看，第四

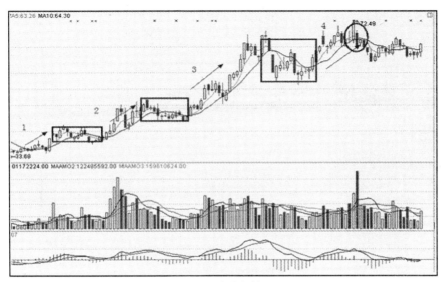

图 7-49　股价阶段性见顶 2

段上涨属于很明显的背驰段，因此股价当天收盘一旦发现跌破操盘线就一定要先大幅减仓。

（2）阻力中枢前的诱空，如图 7-50 和图 7-51 所示。

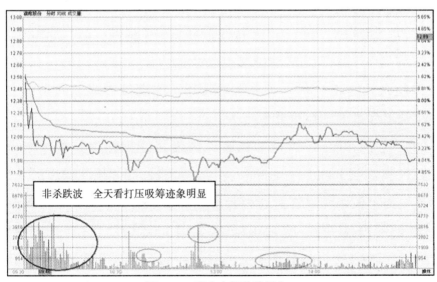

非杀跌波　全天看打压吸筹迹象明显

图 7-50　阻力中枢前的诱空 1

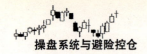

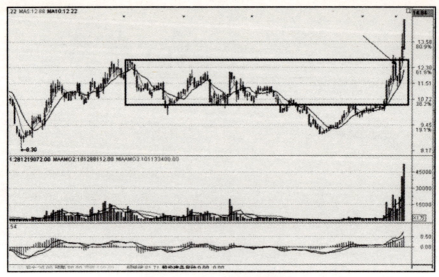

图 7-51　阻力中枢前的诱空 2

濮耐股份 002225，于 2011 年 3 月 18 日刊登宣布了收购海城市琳丽矿业有限公司 100% 股权的公告，而这个超级利好股价当天不但不涨反而下跌，实际上主力没那么弱，不过遇到了前期密集成交的套牢中枢，所以股价跌幅超过 3%，从分时走势看，一是杀跌力度非常小并没有明显的、持续的放量，二是全天量能也不是很大，次日股价碰了下十日线就一飞冲天了。这种情况也是我们大家经常遇到的，在重大利好前为什么股价还下跌，通常就是碰到了前期密集成交的套牢中枢，这个时候追涨被套的概率非常之大。

（3）一些长线庄不喜欢短线客。因为其控盘程度非常深的缘故，所以每逢利好就大跌，一遇到利空却会大涨，这种逆向操作的手法的目的就是为了绞杀短线客，这种股票非常多，最典型的就是贵州茅台，2011 年 3 月 21 日推出 10 送 1 派 23 元当日就大跌，之后几天继续小幅度调整，不过这个股票是典型的长线牛股，如果你没有足够的耐心最好不要选择。

图 7-52 和图 7-53 分析起来很简单，分时并没有明显的杀跌波与

攻击性的量能出现，从 K 线图来观察成交量也不大，此种利好大跌的走势令一些短线客非常懊恼，但是只有这样股价才会上涨。

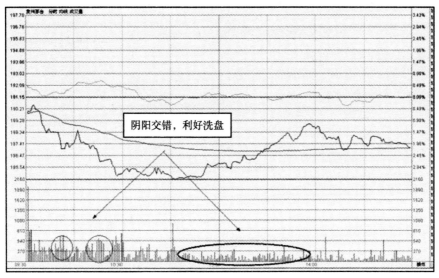

图 7-52 利好大跌 1

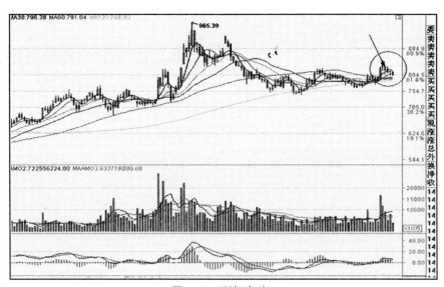

图 7-53 利好大跌 2

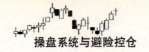
重点结语

分时图反映股价的实时动态，投资者可以通过分时走势图初步判断当天走势，并帮助投资者分析出当天的最高最低价。所以说分时走势图在实战研判中的地位极其重要，随时把握多空力量转化也就是市场变化的根本。

附录　不同选股技巧与操作方法

一、盘中选股技巧

在盘中的短线操作，是十分严密的、完整的技术。

我们都知道。大盘与个股一天有 4 个小时的开盘时间，早盘是：9：30-11：30，午盘是：13：00-14：30，尾盘是：14：30-15：00。

短线选股操作主要在早盘半小时和尾盘半小时。

1. 早盘中选股的方法

在 9：25 分时，先注意涨跌幅榜中的那些强势票，再关注一下量比排名（最好前十）量比在 5 左右的票，之后再用寻宝图看股票所在的位置，再关注该股的周 K 线是不是完整（至少 5 周均线向上），同时还要兼顾一下换手率。

想选好股票，要符合以上选股的方法条件后，还需要掌握的要点是：

（1）如果大盘是低开的但个股是高开或平开的，表明该股要强于大盘是当天的强势股。分时图该股平开或高开后白线跌破黄色线，回落的时候时低点不可以低于开盘的价位，再次冲高的时候还要有量的配合。重新站稳黄色线上方，可以买。

（2）无论大盘如何开盘，该股白线黄线上移直线涨停或阶梯涨停后会打开涨停板是可以考虑买入。这样的分时（分时下方要有大量配

合）属于强势走势。（弱势不要买，最好在大盘走稳时操作）阶梯式分时回踩不破黄色线又创高点的强势股可以买入。

（3）大盘低开，个股同样低开。不过个股股价却先于大盘更快地处于黄色线上方，黄白线距离不要过远产生背离，同时注意量能，这时也可以考虑买进。

注：盘中选股时不要买黄白线距离过远的股票，因为这样属于严重背离的股票是不可靠的，在大盘受到利好上涨时的股票也不要买入。这样的上涨很可能只是暂时的，跟入很容易被套。

要牢记两点：一是假如大盘受到利好影响上涨的时候不要追票；二是如果大盘 2/3 的票都是高开的话就不要再参与其中。

2. 尾盘的选股方式

在尾盘的最后 15 分钟选股。

尾盘选股的方式比较适用在弱市的行情中。

（1）要为个股设置一个止损点，不可以越跌越买，这样太冒险。在弱市行情大的趋势向下的时候，操作时一定要快进快出，在第二日要果断出场。

（2）买入股票需要关注热门板块的龙头股。

（3）要顺势而为，要注意该股的成交量、换手率以及量比等指标，是不是超跌的第二天会不会有反抽。指标够好才考虑参与。

（4）只做"T+1"的操作，次日反弹或高开的时候寻机卖出。

（5）在最后，尾盘的 15 分钟时选票买进。

（6）并非跌得多的股票就一定会反抽，跌得越多的票还会继续跌。

二、分时 K 线的炒股技巧

很多投资者看图分析股票的时候经常只使用日、周和月 K 线，但是对 5 分钟、15 分钟、30 分钟、60 分钟的分时 K 线图却很少使用。

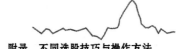
笔者认为能够熟练掌握分时 K 线图对投资者进行个股分析是一样很有帮助的。

1. 分时 K 线图参数的设定

四个分时 K 线的均线系统通常自动设定为：5M、10M、20M、30M 等。不过这种设定使 K 线的走势有点乱，这样无法很好地帮助投资者发现个股在调整时的一些特有规律与现象。不过我们可以对均线参数进行相应地调整，这样再去观察盘面时就会有不一样的效果。 其设定大致如下：

5 分钟　　24M、48M、110M、230M。

15 分钟　　16M、48M、80M、200M。

30 分钟　　48M、80M、160M。

60 分钟　　5M、30M、60M、90M。

上面所讲的参数设定是依据交易时间来推算的，比如 5 分钟图的 24M 代表两个小时成交均线；15 分钟图的 16M 代表 4 个小时成交均线；60 分钟图的 90M 则代表 22 天的成交均线。

2. 分时 K 线的作用

总的来说分时 K 线的作用大概有两点：

首先是从微观的角度去预判分析个股走势的手段之一，对日 K 线的分析起一定的补充作用。

其次是帮助投资者准确判断买点和卖点的重要依据。

如果 K 线远离各分时图中的均线系统，则表明不久的将来会有调整。

使用分时 K 线时的注意事项：

第一，上述均线指标参数只是参考，大家可以根据自己的实际情况及个人经验进行适当地调整。

第二，运用好分时 K 线的重要一点就是准确把握成交量的变化。

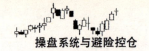

比如，成交集中在什么时间（放量），放量之后的走势是不是开始渐渐下行并跌破各个均线系统。假如某个股在开盘一小时后开始放量，不过缩量的时候股价并没有开始下行，这时该关注一下该股有可能会完成部分换手，可能会继续上行。

第三，投资者要结合日K线多次反复地观察以积累经验。

三、短线炒股的尾盘交易法

短线操作的根本就是为了避开长期持股中的风险，获取短线的利润。短线买进是为了1天或3天后的卖出，不管盈亏都要在短时间内清空账户，不参与沉闷而寂寞的盘整。

在目前"T+1"交易制度下，一旦在买进后发生风险当天不得卖出，所以短线客会将买入时间选择在收盘前的15分钟内，此时间段内不跌的话，第二天什么时间认为有风险随时可以卖出。很多情况下，一只股票早上开盘后进行长时间地横盘，在均价附近小范围整理，遇大盘下跌，它可以坚持不动或是被大盘拖累后还能迅速返回；而均线基本上保持一直线。这类股票通常会在下午耐不住性子，选择向上突破。

不过要是在下午一开盘就突破的话，最好选择不跟进，因为这个时候很可能是属于主力试盘动作。在下午真正上攻的股票，通常都会在13：00以后，尤其是在14：00—14：40开始上攻。这个时候要观察它的上升角度。要是超过80度的话，就会显得操之过急，很可能产生抛压，有一些强势股14时刚过就开展攻势，这时一定要放巨量，以接近90度的推升迅速涨停，不然的话容易半途而废。最好的走势是先沿30度角运行几分钟，之后在大成交量的催动下改为45度到60度向上拉升，而这个时候均线最好也紧随股价，呈30度以上的弧形。如此用20几分钟就可以涨5%以上甚至会涨停。以上情况必须紧盯5分钟至60分钟K线分时指标，尤其是60分钟。在盘整期间，60分钟指标如

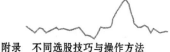

KDJ，一旦在底部形成金叉状态，而时间上又刚好吻合的话，就可以找机会入场，如附图 1-1 所示。

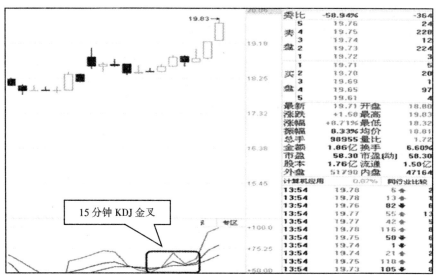

附图 1-1 15 分钟 KDJ 金叉

分时成交量上，出现明显的放量堆积，而且大单资金不断流入，如附图 1-2 所示。

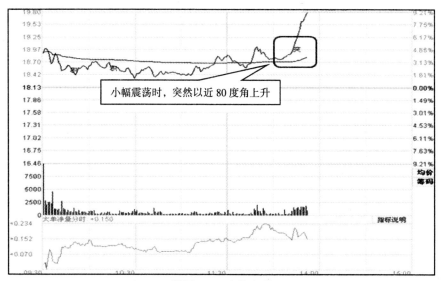

附图 1-2 走势上升

169

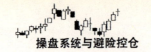
四、分时形态的短线操作

分时图超级短线实战法。

1. 分时实战的所有技巧都不是单独地运用

分时实战技法有应用的基础条件，最重要的是三点：

（1）当前大盘的主导趋势是什么？只有在多头主导的趋势格局下来运用分时实战技巧，才能提高成功率。

（2）目标个股的日线技术形态、量能的特征是什么？

（3）目标个股和当前热点板块的关联度怎么样，关联度越大，成功概率就越大。

2. 分时图上的锯齿横盘是非常重要的分时技术特征

分时的一个小时以上的横盘、窄幅横盘，是分时按兵思动的表现；要是实盘中该股的分时走势得到大盘盘中跳水动作的检验，那么可靠度会进一步增加，就是说大盘跳水，目标个股分时走势依然继续我行我素地横盘，一般而言，大盘稍一启稳，它就要大幅上涨了。

3. 分时离场点实战技巧

分时离场点一定和日线图相结合，在日线图的量能、周期符合离场要求时，这个时候再去确定分时离场点，而非本末倒置。分时图上一波急冲，然后下拉，再次上冲不能冲破前高，形成常规的分时离场时机。

参考文献

［1］李汉军. 图表辨析与交易系统 ［M］. 北京：机械工业出版社，2012.

［2］［美］杰西·利弗莫尔（Jesse Livermore）. 股票大作手操盘术——融合时间和价格的利弗莫尔准则 ［M］. 丁圣元译. 北京：人民邮电出版社，2012.

［3］［美］杰西·利弗莫尔（Jesse Livermore），斯密特. 股票大作手操盘术（珍藏版）［M］. 邓力，鞠玮婕译. 北京：人民邮电出版社，2013.

［4］赵信. 十大股神操盘术 ［M］. 北京：经济管理出版社，2014.

图书在版编目（CIP）数据

操盘系统与避险控仓/赵信著. —北京：经济管理出版社，2015.8
ISBN 978-7-5096-3795-1

Ⅰ.①操…　Ⅱ.①赵…　Ⅲ.①股票交易—基本知识　Ⅳ.①F830.91

中国版本图书馆 CIP 数据核字（2015）第 107197 号

组稿编辑：勇　生
责任编辑：勇　生　王　聪
责任印制：黄章平
责任校对：车立佳

出版发行：经济管理出版社
　　　　　（北京市海淀区北蜂窝 8 号中雅大厦 A 座 11 层　100038）
网　　址：www. E-mp. com. cn
电　　话：（010）51915602
印　　刷：三河市延风印装有限公司
经　　销：新华书店
开　　本：720mm×1000mm/16
印　　张：11.5
字　　数：155 千字
版　　次：2015 年 10 月第 1 版　2015 年 10 月第 1 次印刷
书　　号：ISBN 978-7-5096-3795-1
定　　价：38.00 元